青少年
心理护航手册

李妍——著

中国经济出版社
CHINA ECONOMIC PUBLISHING HOUSE
·北京·

图书在版编目（CIP）数据

青少年心理护航手册/李妍著. -- 北京：中国经济出版社，2024.12. --ISBN 978-7-5136-7977-0

Ⅰ. G444

中国国家版本馆 CIP 数据核字第 2024DW0470 号

责任编辑	张梦初　高　鑫　戴　瑛
责任印制	马小宾
封面设计	仙　境

出版发行	中国经济出版社
印 刷 者	三河市天润建兴印务有限公司
经 销 者	各地新华书店
开　　本	880mm×1230mm　1/32
印　　张	6
字　　数	120 千字
版　　次	2024 年 12 月第 1 版
印　　次	2024 年 12 月第 1 次
定　　价	52.00 元

广告经营许可证　京西工商广字第 8179 号

中国经济出版社　网址 http://epc.sinopec.com/epc/　社址 北京市东城区安定门外大街 58 号　邮编 100011
本版图书如存在印装质量问题，请与本社销售中心联系调换（联系电话：010-57512564）

版权所有　　盗版必究（举报电话：010-57512600）
国家版权局反盗版举报中心（举报电话：12390）　　　服务热线：010-57512564

前言

对于人的一生来说,青少年时期无疑是最为美好且意义深远的阶段,但也充斥着热烈、叛逆、迷茫、痛苦等多种复杂情绪。因为这一时期正是从儿童到成人的过渡阶段,面临着学业竞争、人际关系、自我认知等多重挑战,青少年的成长之路布满了坎坷与挫折。因此,如何正确认识、面对并妥善处理这些问题,不仅关系到青少年是否能很好地应对日常生活中的挑战,还关系到他们未来人生之路的走向。

基于此,我们推出了《青少年心理护航手册》一书。本书共包括三部分,分别为抗挫篇——培养情绪钝感力、学习篇——超越课堂,多彩成长和沟通篇——寻找倾听与理解之旅。

抗挫篇——培养情绪钝感力,旨在帮助青少年建立一套健康的心理防御机制,使他们在面对挫折和困难时能更加冷静、理智地应对,从而更好地保护自己的心理健康,为他们的成长之路奠定坚实的心理基础。书中既有生动的故事、案例和心理学知识,也有实用的方法和技巧,能够帮助青少年建立并很好地应用情绪钝感力,使他们在面对挑战时更加从容和自信。

学习篇——超越课堂，多彩成长，致力于引导青少年发掘自身潜力，实现全面成长。我们将介绍一系列有效的学习理念和方法，帮助青少年培养学习兴趣，找到学习动力，提高学习效率。同时，我们也将关注青少年的心理健康与需求，帮助他们培养积极的学习态度，培养自信心和适应能力。让他们在积累知识的过程中，能够更好地应对成长过程中的困惑与挑战。

沟通篇——寻找倾听与理解之旅，旨在为青少年点亮沟通之路。通过传授实用的沟通技巧和深刻的见解，引导青少年深入了解沟通的本质和技巧，帮助他们打破沟通壁垒，建立健康、有效的沟通模式，从而维护好和谐、亲密的人际关系。

成长不易，但请相信，脚下的每一步都通向美好的未来。青春期的你或许正经历迷茫，但请坚定前行。当你翻开这本书时，改变已悄然发生。你内心那份渴望，将超越任何外在的理论指导，成为你前行的最强动力。

每一位做父母的，都希望孩子能够在自己的庇护下得到健康成长。当然不限于身体健康，也包括心理健康；不限于身体成长，还包括心理成长。我们中的大多数父母在孩子身体成长方面都倾注了自己的所爱和所能，但可能在不经意间却忽略了孩子的心理成长和心理健康问题。要知道，我们对于孩子所期待的成熟可能更多的指向心理成熟上。所以如何才能为孩子心理成长提供同步同程的护航保障，则是本书出版目的之根本考量。

我们衷心希望，《青少年心理护航手册》能够引起广大家长和教育工作者的关注和重视，共同为青少年的健康成长和心理护航贡献力量。

抗挫篇——培养情绪钝感力

第一章　认识自己是顶重要的事

你找到"我是谁"的答案了吗 004
别跟自己对着干 006
不将希望寄托于任何人 010
我的青春不迷茫 014

第二章　掌控情绪，与自己和解

在自信与自卑中反复横跳 020
控制怒气是青春期重要的课题 031
Emo 自救指南 039

第三章　潜意识重塑，找到内心的平静

正念：真正实现脑放松 052
Follow your heart 055
幸福感的源头 058
松弛感来自"容错空间" 060

学习篇——超越课堂，多彩成长

第四章　开启超越式学习之路

我为什么要学习 066
突破舒适圈，你的极限不在这里 068
死读书当不了学霸 070
不妨逼自己一把 074
自我认知的升级与拓展 076

第五章　找到正确高效的学习方法

激发学习"趣动力" 080
戳破"假学习"的自我欺骗 089
让你的脑子"活"起来 095
从底层终结你的"拖延魔咒" 101

目 录

第六章 情绪状态决定学习状态

输得起才能赢得了 112
找到你的"贝克尔境界" 114
克服"目的性颤抖" 118
致快要坚持不住的你 120

沟通篇——寻找倾听与理解之旅

第七章 打开心门,让阳光照进来

沟通,是健康关系的基础 126
沟通不畅到底是谁的错 128
改变别人不如纠正自己 132
你非"自我暴露"不可 134

第八章 优化沟通方式,提升人际关系

最坏的脾气别给最亲的人 140
建立真正的友谊 147
愿你的善良带点儿锋芒 157

第九章 情感自洽:从焦虑到平静

圈子不同,不必强融 170

把独处当成一种享受 172
在批评中成长 175
停止抱怨,学会感恩 177
内心戏,别太多 179

抗挫篇

——培养情绪钝感力

第一章

认识自己是顶重要的事

> 认识自己,不仅是每个人成长的必经之路,也是我们实现自我价值、走向成功的关键所在。它如同照亮前行道路的明灯,让我们在人生的旅途中不再迷茫,坚定前行。

你找到"我是谁"的答案了吗

"我是谁?"我猜你一定这样问过自己。

这个问题既是玄妙的哲学问题,也是极具现实意义的问题。认清自己,是人的立身之本,是对自我身份的认同。如果你对自己没有定位,就会像提线木偶一样任人摆布,一直会是一个长不大的孩子。只有对"我是谁"有了一个较为准确的答案,才可以用成年人的眼光审视自己,也才能真正融入成人社会。

这很难。因为人每时每刻都在成长,人的自我认定也是随时可以改变的,人生也会随着自我认定的改变而改变。可以说,我们每个人的人生发展过程,就是对自我探寻的过程。这其实是我们终身都要追寻的东西。

现在,我们只谈当下:该从何处入手,认识自我。

认识"生理我"

"生理我"指的是我们从自己的身体、外貌、仪表、性别、年龄等生理方面来认识自我。

如果一个人对"生理我"有良好的觉察和接纳,同时得到他人充分的爱护和尊重,那么他的自信度、安全感、自我效能等会相对更足。比如,我知道自己是个长相一般的人,但我从不自卑,不会因为他人的评价、嘲笑而产生形象焦虑。我知道,每个人都有自己的优点和缺点,我要懂得悦纳自己,完善自我,丰富学识,提高修养。

认识"心理我"

"心理我"指的是我们对自己的精神世界层面,包括性格、爱好、能力、情绪、信念、追求等的认知。比如,我知道自己是个脾气暴躁的人,动不动就想发怒,但我会有意识地提醒自己要心平气和,减少盲目冲动行为。这样的自我认知,是客观而理性的。

认识"社会我"

"社会我"指的是我们对自己在社会生活中所扮演的各种社会角色的认知,包括对各种角色关系、角色地位、角色技能和角色体验的认知和评价。它强调了个人与社会的关系,即我们不仅属于我们自己,还属于社会,是社会的一员。比如,我是初三(2)班的一名语文课代表,我应该认真地履行好作为课代表应尽的职责。

这就是美国心理学家威廉·詹姆斯提出的一种自我认识的模式。现在,你不妨拿出纸笔,从这三个方面进行自我评价,并将其填在表格中。

自我评价表

自我类别	评价内容	评价等级(优、良、差)	评价目的
生理我	容貌/仪表/性别/年龄 身体其他状况		
心理我	性格/爱好/情绪 信念		
社会我	企业主/员工/志愿者 朋友/陌生人		
总结			

别急,还没完。因为自我评价完全取决于你的主观感受,这就容易存在认知偏差。"不识庐山真面目,只缘身在此山中"说的就是这个道理。我们往往对自己的才能、学识、成绩、贡献以及自己在

别人心目中的地位等，要么估计过高，要么估计过低。估计过高，就会脱离现实，守着幻想度日，一旦有不如意的事发生，往往怨天尤人；估计过低，又会产生强烈的自卑感，容易自暴自弃，本来很轻松就能完成的事，也不敢去尝试。

所以，你还需要借助他人对你的评价。试着邀请周围人对你的"自我评价表"进行判断。假如你的自评与他人对你的评价比较相近，说明你的自我认知能力较好；反之，说明你的自我认知有偏差，有待于进一步调整。

这里还有几句极其重要的话需要你耐心看完。

(1) 在听取他人对自己的评价时，要保持认知上的完整性。

例如，我们可以听取父母、亲戚、老师、同学、朋友等各种不同年龄、不同性别、不同职业的人的评价，因为长期的交往使我们在他们心目中已形成特有的认识，且这些人与自己无利害冲突，所以，他们的意见大多很中肯、很客观。

(2) 正确对待他人对你的评价。

你不应只考虑自己的心理需要，而只在意某一方面的评价；也不能完全依靠他人的评价来认识自我，因为一旦把个人形象建立在他人身上，你就会面临严重的自我束缚。只有全面听取，综合分析，你才能恰当地对自己作出评价和调节。有的人通过他人的看法来定义自己，并为得到他人的良好评价而奉承、迎合，这是极不可取的。

别跟自己对着干

其实，认识到自己的优点和缺点并不难，难的是你如何看待它们。

在过去很长一段时间里，人们一度津津乐道于木桶理论，说木桶里的水总是从最低的那块木板形成的缺口流出去，所以，决定人生成败的不是最长的那块木板，而是最短的那块木板。在这种理论的引导下，人们讨厌自己的短处，为自己的缺陷而感到羞愧，一个劲儿地忙着补短板，而对自己的长处不管不问。

但是，这样做真的正确吗？

的确，一个木桶能装多少水，取决于它最短的那块木板；但是，我们毕竟不是木桶啊。实际上恰恰相反，世间万事万物，大多是依靠自己的长处，才能在世界上占有一席之地。比如，鸟儿有飞翔的翅膀，所以选择了蓝天；鱼儿因其善水，所以遨游江河湖海……要是反过来，鸟儿只会溺水身亡，鱼儿也会干涸而死。而我们人类也是一样，如果让只懂得写作的人搞房地产，即使在房地产最火爆的那些年，估计也只能排在末流，但如果其把精力用在擅长的写作上，则可以大出风头。同样，如果让"股神"巴菲特去写作，恐怕只能是一个三流的作家。

所以，别拧巴，别跟自己对着干。不要因为别人嘲笑你的短处而感到丢人，也不要因为别人在某方面看不起你而感到羞愧。"短板"任它短，只要能将"长板"拉长到可以做一条船，你就一定能够在人生的海洋中乘风破浪，永不迷失！

当然,这个过程,实现起来是很困难的。如果简单,或许成功的人会更多。这里也只能提供一些思路,也许可以帮助你少走一些弯路,剩下的还要靠你自己的领悟和恒心。

找到自己的长处

评估自己的优势(长处)与劣势(短处)一定要客观。人们有时会将长处视为短处,将短处视为长处。这里提供五种简单易行的办法,供你在寻找自己的长处时参考:

第一,经常在某一方面受到他人真诚的称赞,说明你在这方面比别人优秀。

第二,排除愣头儿青式的狂妄,如果在某一事件上对别人的做法不屑一顾，常常会想如果是我就会怎样做，一定程度上说明你在这方面可能存在一定优势。

第三，对某件事情乐此不疲，不管时间是否充裕等，总是喜欢去做，而且较少存在挫折感，说明你对它有兴趣，而兴趣与长处在很多时候是能够契合的。

第四，如果某件事你做起来游刃有余，也说明你在这方面具有优势，因为"善于"，所以"有余"。

第五，请亲戚朋友帮自己鉴别。因为一个人认识自己多少有些主观成分，认识别人却会客观一些。

当然，这五种方法并非绝对可靠，但如果你能将这五种方法综合起来评估自己，相信会更加接近客观的答案。

利用自己的短处

如果你实在对自己的缺点耿耿于怀，甚至陷入自卑之中无法自拔，不妨逆用一下思维。

因为缺点与优点并不是绝对的，从一个角度看是缺点，换一个角度看缺点也许就变成了优点。比如，性格多疑的人，虽难以被他人接受，但他们通常观察细致，做事谨慎，凡事三思而后行，善于做一些烦琐的工作。因此，针对本身的缺点，如果能够运用思维，相比"补短"策略，可以采用成本更为低廉的"直接利用"。

可以依循下面的步骤搜索身上的"缺点"，练习逆用。

第一步，找到自己身上的弱点或缺陷。可以参考上面找长处的方法。

第二步，将呈现在面前的一个或数个缺点加以归类、整理。

第三步，针对每一个缺点进行分析，寻求化弊为利的可能。这一步最关键的就是"逆"，要用逆向思维处理这些缺点。

关于这一点，举一个生活中常见的例子：很多摄影师在拍集体照时总是先倒数"3，2，1"作为提醒，可是尽管人们都尽量睁大了眼睛，也总会有人在数到"1"的时候坚持不住眨了眼。有人运用逆向思维，很好地解决了这一问题，就是让大家都闭上眼睛，喊"3，2，1"后再一起睁眼，这样就不会有闭眼的情况出现了，这就是逆向思维的魔力。

记住，决定一个人有多大成就的，永远是他最精通的那一项能力，就如决定一座山峰高度的，永远是山巅的那块石头。所以，不管什么时候，都不必刻意去要求自己，而是根据自己的长处去做事，这样才会有真正的喜悦。

不将希望寄托于任何人

先讲个故事：

　　一个旅游团有这样一对母子，母亲是一名退休的大学教授，儿子已过而立之年，有一份很不错的稳定工作，但尚未结婚，也没有女朋友。母子相处融洽，所到之处形影不离。

　　十几天下来，同团的人发现儿子非常听母亲的话，从吃饭到买东西都听母亲的，让做什么就做什么，就像一个六七岁的孩子很依赖母亲一样，而母亲也像照顾一个六七岁的孩子一样照管儿子，不得不说有些奇怪。

　　旅游要结束的前一天晚上，大家聚在一起喝酒聊天，其乐融融。教授不喝酒，只聊天，聊了一会儿，便站起身很自然地喊道:"儿子,该回去了!"看得出来,她的儿子还不想回去,想再喝一会儿,但他似乎不敢把这个想法说出来。

众人看明白了,便七嘴八舌地替他求情,希望教授先回去,他们再继续喝一会儿,畅聊一会儿。教授很有修养地笑了一下,话很轻但不容置疑:"我知道他的酒量,差不多了,该回去了,别在那儿想了,走吧!"

儿子有些尴尬,但也只是无奈地笑了笑,然后低着头和妈妈一起离开了。

这个儿子其实就是我们常说的"妈宝男"。对于这种情况,人们大多会指责母亲控制欲过强,但同时也要想一想,孩子是不是在拒绝成长。拒绝成长不是一朝一夕的事,一定是很小的时候就开始形成了。拒绝成长的一个后果,就是永远长不大。比如,故事中的这个"儿子",虽然有着不错的工作,也已过而立之年,但还没有女朋友,毕竟,谁愿意和一个"小男孩"结婚呢?

人类的本能的确会让我们做事时喜欢"依赖"他人。这样或许可以换来一时的轻松,但后果往往是以失去独立的人格为代价的。因为将希望寄托于他人,其实就是在否定自己。过分依赖别人的人无异于放弃了对自己人生的支配权。

你是不是也在拒绝成长?

现在回头想想自己,是不是也只是年龄在增长,心智还在原地踏步呢?

其实不只青少年,一些成年人,由于心智的极不成熟,成了我们常说的"巨婴"。他们把自己当成需要别人关照的孩童,什么都想依赖他人,拒绝长大,拒绝承担责任,不愿多想,不愿行动,常常指望父母、老师，甚至朋友、同学等给自己安排好一切。

尤为可怕的是，他们甚至不知道自己患上了"依赖症"。他们不会努力突破自我界限，其人生价值依赖于同别人的情感关系。或许他们并非自私自利，而是想在人生的任何时刻都能牢牢抓住某个人或某些人，来获得需要的关心和照顾。

这样的人生看起来轻松潇洒，实际上非常脆弱。要知道，在未走出家庭前尚可以在父母的羽翼下生活，但是一旦走出家庭，面对社会，挑战随即而来。

"如果你过分依赖别人，你就会很容易上当，因为你不能辨别别人的话是对还是错，对别人的动机也会茫然不知。"有一位学术界知名的学者就曾这样告诫青年学生们。将希望寄托于他人，便会形成惰性，进而失去独立思考和行动的能力；将希望寄托于某种强大的外力上，意志力就会被无情地吞噬掉，进而会逐渐失去独立的人格，变得脆弱、无主见，最终成为被别人主宰的可怜虫。

拒绝所有过度关怀！

如果你不想成为这样的人，想成为拥有独立人格的人，那么摆脱依赖最重要的一件事就是，拒绝所有来自身边的过度关怀，以及非必要的协助。

简单来说，就是所有你可以自己完成的事情，都不要依靠他人来帮你解决。在学习或者生活中，主动要求担任一些工作，使自己有机会去面对问题，能够独立地拿主意、想办法，增强自己独立的信心。

当然，这并不是要我们在遇到问题时，如同盲人摸象般不停地摸索，也绝对不是自以为是地盲目进行，而导致错误百出的结果。当你遇到困难，且评估过所用时间以及自己的能力后，发现的确没有办法短时间靠自己来完成这件事，或是在尝试过后，发现仅依靠自己的力量无法获得成功时，可以向身边的亲朋好友请教或请求他们的协助。

另外，要多与独立性较强的人交往，多向他们学习。观察和了解他们是如何独立处理问题的，再结合自身的实际，一点一滴地提高自己独立解决问题的能力。

总之，人生中的风风雨雨，只能靠自己去体会、去感受，任何人都不能为你提供永远的庇护。你的品格、作为，你所有的一切都

是你自己行为的产物，并不能靠其他人或东西来改变，哪怕这个人是你的父母。他们最多让你比他人的起点高些，但起点毕竟不是终点，最终的高度，还是要看你自身的努力。

我的青春不迷茫

这个话题我想你一定也有发言权。迷茫，其实是青春期孩子很容易陷入的一种情绪状态。这种状态，就仿佛一个匆匆赶路之人，虽怀揣着一腔热血，脚下却满是荆棘泥泞，远处也是风景朦胧，没有方向亦没有发自心底拯救自己的动力。

但是别怕，迷茫其实没什么，谁的青春不曾迷茫！在生理上，我们要面对陌生的、逐渐成熟的身体和强烈却羞于启齿的欲望；在家庭生活上，一方面需要继续依赖父母，另一方面又强烈地想要脱离家庭；在社会上，开始参与社交，但其实对社会一无所知……这样看来，迷茫才是常态吧。

不过，如果你因为迷茫而停止了思考，去选择追随随波逐流之人，那么最终就真的会被迷茫"淹没"。其实青春"赐予"我们迷茫，或许就是希望我们能够在短暂的迷茫中沉淀下来，认真反思，去找到困扰自己的那个问题的最优解。即使依然迷茫，也能在反思和孤寂中积蓄力量，静默而奋力地生长，最终重塑自我。

其实走出迷茫，你只需明确一点：一切决定都植根于你自己清晰的价值观。

找到价值观

价值观，简单地说，就是每个人判断是非黑白的信念体系。价值观能够引导我们追求所想要的东西。那些不犹豫、不纠结，很快能够作出决定的人，往往是清楚地知道自己人生价值何在的人。比如，划时代的科学家、改变世界的智者爱因斯坦，他一生醉心科学，厌恶追逐金钱，大额英镑被他随意当作书签，然后随书丢了。在他看来，过多的财产是人生路上的绊脚石，一个人的价值并不体现在他所拥有的财物上。当爱因斯坦来到普林斯顿高等科学研究所工作时，当局给了他相当丰厚的薪酬——年薪16万美元。他却说："这么多钱？是否可以少给一点？3000美元就够了。"

很多时候，我们之所以在遇到棘手的问题时，迟迟作不出决定，正是因为不明确自己的价值观，不知道当时情况下什么是最重要的价值。因此，条件允许的话，马上静下心来问问自己："我真正追求的是什么？"心理学家马斯洛说："音乐家作曲，画家作画，诗人写诗，如此方能心安理得。"当你明确了自己的价值观后，就能更清楚明白自己的作为，不会今天向东、明天向西，就能够在匆忙的人群中寻找到自己的位置了。

审视价值观

既然价值观悄悄影响着我们的选择和决策，那么我们就有必要好好审视和更新自己的价值观了。华人商界领袖李嘉诚说过，人们往往把不成功归结于运气不好，其实，很多人的失败是他们错误的行为导致的，只是他们没有注意到自己的错误而已。也就是说，他们之所以感觉不到自己的错误，是因为他们行为的背后有错误的价值观作支撑，而这种错误的价值观是不可能引导他们走向成功之路的。

比如，班级里有一类人，他们从来没有认认真真给自己做一份学习计划，也没有经历过废寝忘食的奋斗和永不言弃的坚持，只会在考试失利时抱怨：这次题太难；别人成绩好是抄来的；老师不喜欢我；同桌影响了我……根本原因就在于他们的价值观是错误的，他们不认为学习是要制订计划的，不认同学习是自我价值的实现的观点，只把学习当成一种可以投机取巧的行为。如果是这样，是不可能有清晰的未来的。

当然，要想从底层价值观上作出改变，是一件很困难的事情，却是十分必要的。要知道，你的一切决定实际上都受制于你所持的价值观，半点由不得自己。

相信价值观

相对而言，在迷茫中"找路"其实不难，难的是如何一直坚定不移地走下去，尤其是在青少年阶段，许多人正因为要迎合他人、模仿他人而逐渐失去自我。即使有时候，自己也并不想淹没在人群中，但自我的认知往往会因局限而影响我们对事物的判断，进而影响我们的决策，大环境下的妥协是很容易的事情。比如，有些同学选择文理科的最终决定，并非基于个人的兴趣、能力和职业规划等，而是听从了父母、老师或同学的建议。这实际上是盲从影响了价值观。

种种情况下，如果你还能坚持做自己认为正确的事，那么你真的是一个很棒的人。如果还不够坚定，你可以给自己加加油。

（1）强化信念。

你需要强化自己的信念。反对者会说东道西，你不要受此影响。如果你相信自己所做，在遇到困难、挫折时，也不要放弃自己心中的信念。因为只有这样才能更好地坚持自己，你也一定会因坚持自我而得的实效感到骄傲的。

(2)强调自我。

强调自我是坚持自我的核心。做到这点你就能清楚地表达自己的愿望和期待,同时不必把对方置于敌对的立场上。比如,你可以采用"我想""我觉得""我愿意"等句式来坚定地说出自己的观点。但同时不要忽视对方观点中有价值的因素。做好倾听、尊重他人见解的准备,乐于对任何有道理的观点表示赞同,但对那些令你无法接受的观点也不要争论不休,尤其是不要把盛气凌人当成坚持自我。把时间和精力集中在使你产生挫折感的事情上,而不是某个人身上。

很多时候，人就是需要这样一种信念：你认为对的，就去做！不管现实和环境及别人怎样，无论别人做不做，我们都应该学会坚定地去做自己认为正确的事情。也许我们小小的行为不会改变某些事情的发生、某个人的转变，但是至少我们不会让他人改变自己。

第二章

掌控情绪,与自己和解

大多数人每天沉溺在自己情绪的海洋中。其实,你可以被它们控制着作出种种让自己后悔的愚蠢举动,也可以自由调控它们,使其为你所用。

在自信与自卑中反复横跳

是谁在制造"容貌焦虑"

在青少年群体中,"容貌焦虑"是一种非常普遍的现象。某高校媒体曾就容貌焦虑的话题,面向全校 2063 校学生展开了问卷调查,结果显示,59.03% 的学生存在一定程度的容貌焦虑。

太胖了,太矮了,皮肤太黑了,汗毛太粗了,嘴巴大,眼睛小,头发黄,牙齿歪,等等,这些统统是他们焦虑的理由。他们会因此故意遮挡自己不满意的身体部位,甚至拒绝使用原相机照相,朋友圈的照片也是必须美颜之后才敢发……

你是不是也有这样的烦恼呢?还有,你有没有深一步想想,是谁制造了"容貌焦虑"?

你在"自找麻烦"

其实制造"容貌焦虑"的人不是别人,正是你自己。进一步讲,你不找它(焦虑)的话,它是不会找你的。容貌焦虑的背后,其实是自我接纳、自我认同的问题。你焦虑的实际上并不是自己的美丑,而是你在别人眼中的样子。

但你不知道的是,实际上没有人会像你自己那样关注你。

美国心理学家汤姆·季洛维奇曾经用一个有趣的实验证明了这一观点——他将学生分成数组,让他们在一个实验室里分别做互不相干的一些任务。然后随机让一组学生,穿上令人特别尴尬的 T 恤

（印有巴瑞·曼尼洛的窘像）。实验结束后，调查学生们注意 T 恤的情况。

结论是，穿着令人尴尬 T 恤的学生认为 50% 的人注意到了他们的穿着，但调查结果显示仅有 25% 的人注意到了他们的穿着；而且，将此次实验的录像重播给别的未参与该次实验的同学看时，注意到穿着令人尴尬 T 恤的人也只有 25%。

穿着令人尴尬 T 恤的学生的这种心理感受，在心理学上被称为"焦点效应"，也叫"聚光灯效应"。它产生的原理就是人们想当然地认为别人会过度地关注自己。

而这也正是你该克服的。其实要想克服它也很简单：因为"聚光灯效应"只存在于你的头脑中，而非真实情况的反映。那么，当你过于强化自身的缺陷时，要提醒自己：别人的注意力或许并不在你身上。换句话说，你觉得很窘，但别人可能压根儿就没注意你。仅此而已。

实际上，很多时候，当你将缺陷大大方方地展现在别人面前时，反而会让别人忘记你的缺陷，而将注意力集中到你的优点上。

什么是美？什么是丑？

如果这还没有让你摆脱容貌焦虑的痛苦，那么，你就干脆自己重新定义美丑！

如果你读过《巴黎圣母院》，对"丑人"卡西莫多一定印象深刻，但是你不觉得他实在要比那位卫队长和神父"美丽"得多吗？而我们之所以会有这样的审美感受，显然是因为他那善良美好的心灵。所以，与其装扮外表，不如充实心灵。外表的美只是一时的，而心灵的美能影响你一辈子。

而且，即使是外表的美，也从来没有统一的标准。许多明星能够成名,有一个共同点,就是都保有自己的特色。比如,在中国香港影视盛行的 20 世纪八九十年代,衍生出了一大批港圈女星,她们都是五官精致、身材高瘦的"标准美人",但方脸、圆脸、小个子、黑皮肤、塌鼻梁等女星也都有自己的一席之地。

法国思想家卢梭说得好:"大自然塑造了我,然后把模子打碎了。"全面地认识自己、真诚地接纳自己,你就会发现,自己好像突然变得美丽、自信起来,会不由得感叹,原来我们的身上有那么多可爱之处。你要认识到,你就是那个无可替代的你。

其实,除了你自己,没有人能够真正看轻你、侮辱你。这个世界上,只有你对自己的界定才最具有权威性。如果你认定自己是难看的、卑微的、无用的,那么你就真的会成为那个样子。反过来,只要你自己不看轻自己,那么就没有人能真的看轻你。

两个"我",听谁的

不知道你有没有发现,你的意识里其实住着两个"自我"——一个让你自疑:"那是不可能的吧?""这事不靠谱儿吧?""哪有这回事,怎么可能?""算了吧!能行吗?""这样的好事怎么可能轮到我?"……而另一个给你自信:"你行,我也行!""只要我努力,这次我一定能名列前茅!""我一定能登上山顶!"……

很多时候我们犹豫不决,正是这两个"我"在争夺我们的意识控制权。

如果你接受了"消极我"发出的下意识命令:"我做不到""我做不好"——阻止你去碰眼前的这些事,你就会放弃所有的努力。即使你很努力地去做了,也很难实现想要的结果,甚至会有拖延、焦虑,迟迟不敢行动的表现,因为你已经在心底种下了失败的种子。

而如果是"积极我"占据上风呢?你会承认内心恐惧,同时会努力找出让自己产生恐惧的原因,扫除前进道路上出现的心理障碍。当你决定采取一定的行动时,也会使自己尽量感到充满竞争力和信心。而这,正是走向成功最重要的一步。

那么,如何才能让"积极我"获得最终的胜利呢?

其实,你意识中的这两个"我",有一个共同的源泉——自我暗示。它是人的心理活动中的意识思想的发生部分。它是一种启示、提醒和指令,它会告诉你注意什么、追求什么、致力于什么和怎样行动,因而它能影响并支配你的行为。

它有一个重要的特点,就是同一时间内,只能主导一种感觉。我们可以做一个实验来证明:假如你现在正坐在椅子上,闭着眼睛,试着同时去想长城和明天早上打算吃什么。你会发现你只能轮流地去想其中的一件事,而不能同时去想这两件事。我们的情感在头脑中的反应也是这样的,我们不可能既激动、热情地想着做一些令人兴奋的事,又为忧虑所扰。在同一时间里,一种感觉会把另一种感觉从我们的头脑中赶出去。

也就是说,我们完全可以将自己思想中那些消极的、充满失败感的想法用积极阳光的、成功进取的想法来替换。就像一张光盘上录上新的音乐,原来的内容就被替换掉一样。一种思想反复地被灌输给大脑中形成潜意识,原来的思想就会慢慢衰弱、萎缩,最终新的思想会占上风。

下面提供几个实操建议:

(1) 不要强调负面结果。

在提醒自己时,不要强调负面结果,而要把不好的事情轻描淡写地带过。例如,我们总是不经意地给自己一些这样的提醒:"昨天就在这儿摔倒了""这段路是事故多发地段"……越是这样,就越容易紧张,紧张又使我们手足无措,影响正常水平的发挥。如果用些鼓励的话,如"走稳些就没关系了""减慢点速度就没问题了"等,给自己一些积极的引导,"事实"也就会朝你所暗示的方向发展。

(2) 重复进行自我成功暗示。

心理学家潘达斯在一项实验研究中,向受试者呈现一些单词,并要求受试者出声地复述。实验结果发现,不仅所有的单词的平均记忆成绩随着重复呈现次数的增加而提高,个别单词还由于受试者复述次数的增多而得到记忆加强。

这个实验带给我们的启发是,你可以在早晚睡前或醒后的时间,躺在床上,每次花上几分钟,身体放松,进行一下自我心理谈话——描述自己的天赋和能力,想想成功的景象。还可以经常用简短的语言给自己积极有力的暗示,如考试前,反复告诉自己"我能行";生病时,反复提醒自己"没什么,我身体很棒";失败时,反复对自己说"我依然是我,明天又是新的一天"……还可以在身边放置一些书籍、图片和座右铭,将听到和读到的鼓励字句记在笔记本上、课本上,旨在利用反复提高暗示成功率。

(3) 改变你的口头禅。

一个人的口头禅往往带有很强的心理暗示作用,消极的口头禅会在不经意间磨灭人的意志,正面的口头禅则可以在潜移默化间激励你积极努力。

你可以留意一下,或者问问身边的人,你有哪些口头禅,然后把它们记在纸上,分析哪些出现频率最高,哪些让人听了不舒服,哪些对自己有消极影响。对消极的口头禅,要刻意少说,如对"不可能""倒霉"等口头禅,要一点点减少说的次数,今天说10次,明天说8次,后天说5次,最终将它们从生活中驱逐出去。而对"我行""我可以""我试试"等积极口头禅,则要常挂在嘴边,使其发挥出积极的作用。

你在压抑自己的嫉妒吗

作为一种群居生物,我们身边少不了比自己更优秀的人。那么,我想问,你是怎样看待他们的成功的呢?

崇拜、嫉妒、自卑?还是不服输,奋起直追?

不管你承不承认,事实上,嫉妒,是最普遍、最直接的反应。

嫉妒其实是有指向性的。我们不太可能嫉妒比尔·盖茨的富有,某运动员获得世界冠军,某科学家获得诺贝尔奖。而对与自己地位相差不大,互相了解,处于同样的学习、生活或工作环境中的人,则容易产生嫉妒之心。比如,好朋友跟我成绩相当,这次考试却比我多了6分；同桌买了一件漂亮的裙子，我非常喜欢却囊中羞涩；同桌在学校的元旦晚会上跳了一支舞，老师和同学们都在夸她，明明我的尤克里里弹得也很好……

你一定也有过类似的经历和感受吧？它实际上是以多种形式表现出来的一种复杂情感，包含忧虑和疑惧、羡慕和憎恶、愤怒和怨恨、猜疑和失望、屈辱和虚荣、伤心和悲痛，等等。经历过你自然知道，这种感觉并不好受，因此我们的身体会启动一些机制来进行自我保护，如压抑、否定。

但是，这并不能从根本上解决问题。或许，压抑的嫉妒还会以更严重的形式爆发出来。所以，如果你察觉到自己生了嫉妒之心，便需要想办法化解它。

重新选择参照物

嫉妒生于比较，但是比较又是避无可避的。从这个意义上讲，好像你不大可能摆脱由"比较"而产生的嫉妒。正如英国学者托马斯·富勒所说："使人高兴或沮丧的，与其说是事实，还不如说是'比较'。"不过，托马斯·富勒又说："参照物的选择决定了人的感觉。"也就是说，只要选对了参照物，我们是有可能将嫉妒变为满足的。

比如，你可以作纵向比较，也就是与自己的过去作比较。在这个过程中，取得每一点成绩，内心都会感到快乐。这种快乐是既定目标下的副产品，而这每一次小小的"快乐"，都会一点点地酝酿成你的幸福。可能你不会察觉，在不断接近目标的过程中，你都在不断地创造着自己新的人生轨迹。

如果暂时"今不如昔"，也不必太悲哀，这时可以在心里悄悄跟一些还不如自己的人作横向比较，安慰一下自己：我还不是最差的。也许有点自欺欺人，但是与嫉妒所需要付出的代价相比，这又有什么不可以呢?

如果非要向上比的话那就记住:任何人都有不如别人的地方,当别人在某些方面超过你时,你可以有意识地想一想自己比对方强的地方,这样就会使自己失衡的心理天平,重新恢复到平衡的状态。

客观评价自己

当嫉妒心理萌发,或有一定表现时,要积极主动地调整自己的意识和行动,要冷静地分析自己的想法和行为,同时客观地评价一下自己,进而找出一定的差距和问题。当认清了自己的状况后,再重新认识别人,自然也就能够有所觉悟了。

值得注意的是,这里的"客观评价自己"不是让你贬低自己,把自己从嫉妒变为自卑,这样你就又陷入了另一个深渊。实际上,一个人在嫉妒别人时,往往注意到的是别人的优点,却忘记了自己比别人强的地方。当我们能看到自己身上的价值,找到让自己生命幸福、丰盈的办法,而不是把自己的价值寄托在外在的评价上时,自然就不会无法忍受他人的卓越了。

在生活中寻找快乐

快乐是一种情绪,嫉妒也是一种情绪。何种情绪心理占据主导地位,主要靠自己来调整。要善于从生活中寻找快乐。

如果一个人总是想:比起别人可能得到的快乐,我的那一点儿快乐算得了什么呢?那么他就会永远陷入痛苦之中,陷入嫉妒之中。如果我们能从帮助别人中、从娱乐休闲中、从自然美景中、从美好感情中、从家庭温暖中……找到快乐的话,就不会把伤害别人所得到的那点儿暂时的满足,看得那么重要了。

把嫉妒升华为动力

其实嫉妒所带来的也并不都是负面影响。只不过因为对对方产生的敌意和对自己产生的怀疑和羞愧，常常让我们忽略了那个渴望变得更好的自己。

哲学家波普尔说过，"对心胸卑鄙的人来说，他是嫉妒的奴隶；对有学问、有度量的人来说，嫉妒可化为竞争心"。别人的优秀并不妨碍自己的前进；相反，它可能给自己提供了一个竞争对手，一个学习和赶超的榜样，会使你在今后的奋斗历程中迸发出前所未有的动力。

事实上，一个真正埋头于自己事业的人，是没有时间和精力去嫉妒别人的。所以，与其把精力放在嫉妒别人上，不如放在超越自我、努力进取上。积极参与各种有益的活动，努力学习，使自己真正充实起来，那么嫉妒的毒素就不会滋生、蔓延，也就真正把自己从嫉妒的痛苦中解脱出来了。

当你真正开始爱自己

一个人健康、成熟的标志之一,就是爱自己。因为只有爱自己,你才能爱别人,才能爱世界,才可能有真正的欢喜、安定和无畏,才可能有广阔的胸襟。

也许你觉得这个话题毫无意义,我就是很爱自己呀。

但是,你真的知道怎么爱自己吗?

爱自己,不是在擦破的膝盖上贴个创可贴,却对着镜子自怨自艾;也不是取得一点点成就就沾沾自喜,遇到一点点挫折就自暴自弃……真正的爱自己,爱的应该是全部的自己、真实的自己。无论外表如何(美丽、平凡,甚至丑陋)、无论能力如何(过人、平庸还是低人一等)、无论性格如何(被人喜欢的、不被人喜欢的)……你爱的是一个独特的你:我就是这样一个人,虽然有缺陷,但是我不自暴自弃,我接受不完美的自己。

说到底,爱自己其实是一种能力,也需要习得。如果你还不会,我来教你。

欣赏自己

你是不是总是不由自主地去羡慕别人,甚至希望成为别人?这其实就是不爱自己的表现。因为你无视了自己的价值,将目光聚焦于他人闪光的一面或者自己消极的一面。

实际上,真正爱自己的人,既不陶醉和满足于自己的优势,也不是对自己的不足挑剔、责备(前者会让我们无法向前,后者则会让我们不敢向前),而是不仅能认识到自己有缺点和问题,同时更相信自己有能力和价值。这就意味着,你不仅正确地认识到了自身的局限性,也停止了对自己的不满和批判。这可以使你不把时间浪费在自责和沮丧上,而是集中精力去发掘自己的优势,提高自身的能力。

事实上，这种健康的、积极的自爱心理和良好的、公允的自我评价，正是成功生活的最坚实的基础——它会在你不断地寻找自己、定位自己、调整自己的过程中，影响并指导你的行为，包括学习、择友，以及今后的婚姻生活、职业规划等方面。

美国一座教堂的墙上有这样一句话："这个世界上，你是独一无二的一个，你生到世上是什么，这是上帝给你的礼物；你将成为什么，这是你给上帝的礼物。"所以，如果你是蔷薇，就不要强求自己成为玫瑰；如果你是麻雀，就不要强求自己成为鸿雁。无论别人如何，也无论别人如何评价你，你是什么样的人完全取决于你用什么样的眼光看待自己。

愉悦自己

愉悦自己，就是你要努力使自己高兴、满意，而不是千方百计取悦他人。

日本有部电影叫《被嫌弃的松子的一生》。松子有一个常年卧床生病的妹妹和一个整天板脸不笑的父亲。只有一次，父亲在带松子去医院看妹妹的路上，领着她去吃了一顿好吃的，还一起去游乐园看小丑表演，松子学小丑给父亲扮鬼脸，父亲笑了一下。这给了松子很大的安慰。此后，她只要看到父亲不开心，就会扮鬼脸安慰他。以至于工作之后，领导批评她的时候，松子也用鬼脸去面对领导。领导却说："你正经一点儿行不行？"

松子这一生，想愉悦所有人，但独独不包括她自己。当愉悦只属于周围人而不属于自己时，它就变成了一种自虐行为。亲情、爱情、友情的确都很美，但企图"用爱换来爱"，把爱自己的责任交给他人，终究是不能百分之百确定的事。

尤其是青少年时期，是个人情感正值"练习爱"的人生阶段。

我们必然遇到爱，必须通过练习解决"亲密"与"孤独"的矛盾，学会用爱把自己和他人联结起来。这时，自爱显得尤为重要：致力于和自己建立更美满的亲密关系，才可能与他人、与世界建立更正确的关系。

控制怒气是青春期重要的课题

愤怒的后果，你承受不起

愤怒是一种常见的负面情绪，在各种消极情绪中，愤怒的情绪危害是比较大的，也是最需要青少年提防和严加控制的一种情绪。

之所以这么说，并不是因为愤怒情绪本身。愤怒情绪实际上是人类一种非常自然的情感外露，强烈愿望被限制或不能实现都能导致愤怒情绪的发生，尤其是青少年时常感受到来自外界的控制、束缚与自我意识发生碰撞，会很自然地产生愤怒的情绪。但是，要知道，愤怒情绪的一个典型特点就是它具有延展的特性。也就是说，一个人产生了愤怒情绪，就一定会带来相应的行为，我们真正需要提防的其实是它的错误表达方式。

向外发泄：伤害他人

有句话叫"冲动是魔鬼"，和其他消极情绪比起来，愤怒，拥有更强的能量。它的产生往往有充足的理由，如别人对我们进行了侮辱和损害，在这种情形下产生的愤怒，来势迅猛，常以冲动的形式出现，往往在来不及仔细思考的时候，就采取了向外发泄的行动。可是事后，当自己稍微冷静下来的时候,才发现这件事不是我们希望发生的。

讲一个真实的案例:

  甲和乙是同班同学,他们都是寄宿生。乙为人比较霸道,经常欺负甲,让甲帮自己打饭、洗衣服等。有一天晚饭时间,甲正在学校食堂吃饭,乙过来要求甲为自己买饭,甲的拒绝换来了乙的拳打脚踢。晚自习之后,乙又照例使唤甲为其打热水,还要求甲帮自己揉肚子。

  等乙睡着了,甲越想越气,产生了一个想法:打乙一顿,让他知道自己的厉害,以后就不敢欺负自己了。于是,甲找来一把刀，在乙的胸部捅了一下，乙疼醒后用脚蹬甲并坐了起来，甲接着连捅乙 4 刀，乙当场死亡。

这是多么令人惋惜的结局！一个孩子失去了生命，另一个孩子沦为了阶下囚，这就是不加克制自己的愤怒所付出的代价。

向内发泄：伤害自身

除了上面说的那种外向型的愤怒（对外界发泄怒气），还有一种内向型的愤怒，即让愤怒的情绪攻击我们自身。

一方面是精神层面，也就是自己生闷气。比如，被骗之后骂自己"太笨""太傻"，对自己过分贬低。这种自责会让人失去自信心，很可能步入抑郁的深渊；另一方面是直接摧残躯体。比如，无论孩子说什么、做什么，父母都会在一旁制止，有些孩子会把由此引发的愤怒转向躯体，发生自残，甚至自杀行为。

不管是对他人，还是对自己，用错误的方式表达愤怒情绪，必然会带来糟糕的结果。而这个后果往往是我们当时所想象不到的。

为了避免这种情况的发生，你需要，或者说必须对愤怒情绪作出合理的表达、适当的控制。

我有脾气怎么办

也许你会说："是的，我也明知自己不该发怒，但就是控制不住自己的脾气。"

但其实，你所理解的"制怒"，与这里要说的"制怒"并不是一码事。

控制，不是抑制

制怒，是指控制怒气，而非抑制怒气。

其实对于任何一种情绪，我们最基本的态度都应该是承认和接受它，而不是否定和压抑它。

因为每种情绪都有其意义和价值，当你出现了某种情绪，其实是在警示你，学习和生活哪里出了问题，需要你去处理。愤怒情绪也不例外。比如，当你被人侮辱、侵犯时，你的愤怒情绪提醒你：你的底线已被侵犯。这种感觉如同痛感，只有你感觉到了痛，才会把手从火炉上抽回，从而保证你的安全。

也就是说，控制愤怒情绪，并不是要否定它、压抑它，而是要与它"和平共处"。如果发脾气是当下最好的选择，那就去发脾气。因为这时候的发脾气是一种情绪策略，是自主意识下可控的、有目的的选择。这时候你不会因为情绪激动，干出不可挽回的事情，因为你的感性一直被理性牢牢地驾驭着，是在用理智判断哪种情绪或者行为更能达到自己的目的后才启用的。这种"牵着愤怒走"的感觉和"被愤怒支配"是完全不同的。

避免"讽刺性反弹"

实际上，接受、认可愤怒情绪的存在，会避免"讽刺性反弹"效应的出现。

其实对于"讽刺性反弹"效应，你应该不陌生，只不过是不熟悉这个心理学名词而已。生活中你一定不乏这种体验：当你越是控制自己不要去想某件事情的时候，反而越会比你没有控制的时候想得更多。越是压抑、抑制自己，你就越容易出现你不想的行为，这就是"讽刺性反弹"效应。

现在，你也可以尝试一下心理学上那个著名的"白熊"实验：如果我让你在接下来的5分钟里，不要想白熊，你是不是会发现，当你在脑海里反复地和自己说"不要去想一只白熊"时，反而好像怎么也遏制不住你的头脑里出现一只模糊的白熊呢？即使想想别的事情，但不一会儿注意力又回到了白熊身上？

对待愤怒情绪也是这样，越不想发脾气，越压抑自己，脾气可能越大。要想有效地避免情绪化，你必须承认它是自己的一部分，而不是过多地排斥它、压抑它。就像口吃，越不想口吃说话越结巴，索性认可它、承认它是自己的一部分。认可了它、接受了它心里就会放松些，越放松说话越流畅。

不要破罐子破摔

不要破罐子破摔是控制坏脾气的一个重要原则，它不仅仅适用于你发脾气之前，发脾气之后，正确的态度也是要先接受它——坦然承认这是"一次失控"，并为此作出一些事后的补救措施，而不是后悔、内疚。

否则，它很可能会让你陷入一种恶性循环——放纵、后悔到更严重的放纵。减肥者可能有这样的经历，为了控制体重常常抵挡美食的诱惑，但又常常因为一时管不住嘴，导致整个减肥计划泡汤。吃完又会后悔，心情低落。而心中的自我保护机制启动，又会让他们产生"那又如何"的想法，反正已经吃了，人生短暂何必为难自己，以此安慰自己。

发脾气也一样，发完脾气后你会觉得很后悔，越想越内疚，越想心情越差，这时一个声音会说"那又如何，反正脾气已经发了，那就破罐子破摔吧"。糟糕的心情带来的是更大的脾气，由此陷入恶性循环。

要始终相信，你具备控制任何情绪的能力，明白何时"表达"恰如其分、何时"表达"有悖常理，但这种能力必须基于你对自身情感的彻底了解和坦率承认之上。实际上，克服任何一个缺点都是通过认识、认可、纠正三个步骤完成的。

除了愤怒，你还有他法

关于愤怒，有一种说法是"愤怒是无能者的表现"。我理解的意思大概是，只会用愤怒表达自己，只会用愤怒表达对人和事的不满，这是无能的表现。

那么，除了愤怒，我们还有其他办法吗？

其实是有的。

在心理学上，愤怒常常被叫作"次级情绪"，这是因为愤怒的背后往往潜藏着许多"初级情绪"。比如，当我们对某件事存有很大的期待，而结果却是期待落空，这时所产生的初级情绪，如"难过""失落""不甘""困惑""不安"等一起涌现，最后会交织成愤怒这一情绪体现出来。当我们被愤怒支配，气血上涌的时候，无法看清愤怒背后的情感，表现出来的自然就只有"愤怒"这一种情绪。

即使你真正想要传达给外界的感情，是愤怒背后的初级情绪，他人也没办法理解你。这样来看，"无能者"的帽子扣下来，也不是没有道理。

因此，在你感到愤怒的时候，希望你能够保持冷静，想清楚自己到底在气什么，以及希望对方了解自己的何种心情，又该如何向对方传达这一切。这是非常重要的一环。

想要在盛怒之下还能保持冷静，难度很大。冲动，是年轻人的标志性特征，但是，当你在感受到愤怒情绪的时候，有意识地、反复地进行技巧性尝试，还是有可能成功的。

其实，愤怒的"仪式性"很强，如果打断了模式中的一个部分，有时候你就能够把这个糟糕的模式停下来。

一般来说，发怒的征兆有坐立不安，心跳加快，呼吸急促，肌肉紧张，面色潮红、发汗、颤抖和刺痛，甚至眩晕呕吐等。此外，除了内部的生理变化，即将发生的愤怒爆发还有一些外部征兆，如嘟嘟哝哝、敲手指、提高音量等。

当然，也可能还有其他方式，重点是作为正在愤怒的人，你要能及早发现，及时喊停。研究表明，愤怒所持续的时间一般不会超过 12 秒，就如暴风雨一般，爆发时摧毁一切，但过后风平浪静。

也就是说，如何度过这关键的 12 秒，让怒气自然消解非常重要。

你可以用数数的方式来消解怒气。大文豪托尔斯泰曾经告诫儿子：发怒时，先把舌头在嘴里转 10 圈，这样情绪就会平息许多。

那么，如果下次遇到有人攻击你时，你就可以说："请给我一分钟时间考虑一下。"然后深呼吸，小怒数到十，大怒数到千。做完的时候，你会发现，其实自己已经没有那么生气了。

这是因为喊叫和思考不可能同时出现。最重要的是，拖延时间会防止你脱口而出头脑里最初闪现的东西，即本能的反应。本能的反应常以反击或逃跑的形式出现，这两种反应都会使情况变得更糟。

Emo 自救指南

YY 是什么

打开输入法,你用键盘输入"YY",出来的是什么?

不管是手机还是电脑,"抑郁"是输入法联想第一位的应该占绝大多数。

你是不是也会在某个静谧的夜晚,打开"网易云",伴着音乐独自忧伤;或者在微博、抖音、小红书等社交媒体上找到"Emo 嘴替"?

难道现在真的人人都患有抑郁症吗?"全民焦虑"已成为当下的社会病了吗?

其实关于抑郁,很多人对它还是一知半解。每个人都会有情绪抑郁的时候,但并不是所有的抑郁情绪都能达到抑郁症的程度。也就是说,抑郁情绪≠抑郁症。

如果你对自己的判断是,达到了抑郁症的程度,那么请及时找专业的医生进行诊断和治疗。因为一般的抑郁情绪自己就能调节改善,抑郁症则必须通过别人的帮助才能缓解。

所以千万不要随意给自己贴上"抑郁症"的标签。其实困扰大多数人的只是一时的抑郁情绪,是可以自行缓解的。

改变心情

范仲淹在《岳阳楼记》中写道:"不以物喜,不以己悲。"现实中能达到此境界的人少之又少,尤其是青少年,遇到好事就兴高采烈,遇到坏事就情绪低落，心事全都写在脸上。

虽然无法改变事情，但是可以改变自己的心情，如果你愿意这样做的话。

有一个半杯水的故事，同样的半杯水有人会感叹，我还有半杯水；有人会叹息，唉，我只剩下半杯水了。也就是说，我们所谓的"好事情"与"坏事情"，不过是通过自己的认知给事物下的定义，好的程度与坏的程度，也是按照自己的心情来衡量的，事情对你产生的影响，也是你通过自己的内心来判断的。你内心的判断，影响了你的态度、心情，乃至命运。

从根本上来说，这其实就是注意力的控制问题——看问题的积极方面，可以产生乐观的情绪；看问题的消极方面，就容易产生悲观的情绪。

从这个意义上看，我们除了要学会多角度看问题，还可以尝试将注意力转移到其他的正向的事物上。比如，物理学家普朗克在研究量子理论期间，心爱的妻子去世，两个女儿也先后死于难产，儿子又不幸死于战争。他不愿在怨悔中度过，便在工作中加倍努力来转移自己内心巨大的悲痛。这不仅让他减轻了痛苦，还促使他在工作中取得了成就，获得了诺贝尔物理学奖。

对于抑郁的人，我的建议是，请你忙起来。太忙了，就没有时间抑郁了。比如，全身心地投入学习，这样你就没有多余的时间去胡思乱想了；去爬爬山，或者做做其他运动等，因为当你处在风景秀丽、空气新鲜的山峦中时，可以使大脑皮层的兴奋和抑制过程得到改善，对抑郁情绪和失眠等都有良好的治疗作用。

解决问题

摆脱抑郁，仅靠改变心情是不够的。如果困扰你的事情依然存在，并且是那些未来走向不确定性的事情时，它们始终是个"雷"，不知道什么时候就会"爆"。这种情况下，要想真正回归正常，就不能直接跳过它，而是要解决它。

所以，调整好心情后，要回到当下，把需要解决的事情解决掉。用具体的行动来代替那些过度担忧的思维。因为问题解决了，情绪自然就好了。问题不解决，喝再多"鸡汤"也没用。比如，你忧虑考试考不好，那就深入思考一下自己现在可以做点什么，然后就直接开始做。碰到了问题就去解决问题，不管是去问别人，还是自己去查资料去钻研都可以。问题解决后，你也许会感叹：杀死抑郁，原来如此简单！

其实，在这样不断地尝试下，你甚至可以做到——遇到事情，先想办法，即在情绪到来之前先一步运转"解题思维"：这件事我能解决吗？能，那就去解决，不用烦恼了。不能？具体哪里不能？有谁可以请教吗？有，那还烦恼什么？想尽所有办法，还是不能，那更不用烦恼了，放弃就好了。没了情绪困扰，或许只需要一点儿时间，这件事就可以翻篇了，你甚至来不及抑郁。

最后，衷心希望每一个人再看到"YY"这个拼音缩写时，脑海中不再自动显示"抑郁"。其实，它可以是"音乐"，是"英语"，是"游泳"，也可以是"拥有"，还可以是"永远"……

拒绝精神内耗

内耗，本义是指机器或设备装置，本身没有进行活动但是有所消耗的能量。对于我们个人而言，多指精神内耗，即着手做一件事时思虑过度，消耗大量个人内心力量，从而导致身心俱疲、焦虑迷茫，做事效率低下，结果往往无功而返的一种现象。

拒绝精神内耗，维持身心舒适，势在必行。

害怕什么就去做什么

如果仔细研究一下我们对困难的许多恐惧,你会发现,其实它们是人幻想出来的。对此,心理学家弗洛伊德有一个绝妙的解说:一个人置身于非洲丛林,看见蛇会感到恐惧,这是很正常的事。这种恐惧感有利于保护自己。而如果一个人居住在房间里也感到恐惧,以为在他的房间里有一条蛇正藏在地毯下面,那么这种恐惧就是病态的、不正常的。

也就是说,很多时候,你只是把生活中、学习中、交际中、个人发展中遇到的困难看大了、看重了、看深了,看成了不可逾越的障碍。比如,你明天要进行一段演讲,大脑有时会自动制造一连串的负面思维,往最坏的方向去想:我会搞砸它,并且觉得一旦发生这个结果我就完蛋了:老师肯定会很生气,父母也会对我失望,同学也会嘲笑我、看不起我……但这并不是事实,只是你内心的不安导致的精神内耗。只要敢于试一试,你就会发现,其实它并没有你想象的那么可怕。即使真的没有那么顺利,你担忧的结果也多半不会出现。

对此,我们可以用一组研究数据来佐证。

- 人们担忧的事情有 40% 永远不会发生。
- 30% 的忧虑源于过去作出的决定,这些都是无法改变的。
- 12% 的忧虑是出于自卑感。
- 10% 的忧虑与健康有关,而越担忧问题就会越严重。
- 只有 8% 的忧虑可以列入合理的范围。

所以,别想太多,迎着风奔跑起来,内耗的声音自然就会消失。

完美主义要不得

当你终于鼓起勇气、怀着美好的希望去做某件事,而且为此付出了巨大的努力时,你以为自己就摆脱了内耗吗?

也不尽然,因为你也许会面临无法预料的过失和错误,这也可能会让你陷入精神内耗的陷阱。

著名节目主持人崔永元患过抑郁症。当被问到长期失眠、抑郁,是否会对自己个性产生影响时,他说:"会这样的,抑郁症患者基本上比较偏激,爱钻牛角尖,因为这是他认知能力的一种表现。小品《小崔说事》这次演得比较完美,但有一个地方是不太让人舒服的,就是转二人转的手绢,我练了半个多月,每次彩排,到各地演出,我都能转起来,而且转得非常好,就是在春晚直播这天没能转起来。我一看自己怎么也转不起来,于是就把这手绢扔到台下去了。我是主持人,不是二人转演员,手绢转不起来是很正常的。可是我偏偏觉得自己怎么那么笨呢?练半个多月就是为了这一下,自己为什么转不起来呢?你不应该转不起来,你不应该原谅自己……其实,观众可能都没有注意到这个细节,但是,它会在我的心里结下很大的疙瘩,我觉得就应该转起来,你转不起来就得去死……"

这其实就是完美型人格最大的问题,会把事情的失败和自我价值完全等同起来。因此往往在失败以后对自己不完美的表现过分沮丧,希望下次可以做到完美。可是越来越高的要求会导致下次失败之后,情绪更加难以控制。持续的精神内耗与抑郁互相"成就",便形成了可怕的闭环。

实际上,追求完美是件好事,但如果过头了,反而比不要求完美更糟。我们都是凡夫俗子,很少会有超常的能力来驾驭我们内在的生命,因此,生活中出现的过失,也是我们一生中必然出现的一个组成部分，我们不能回避它。我们所能做的，就是正确面对自己的过失：不能对自己的过失完全不以为意，更不能一味地沉浸于过失当中。在过失中成长，在过失中寻找成功，才是正确对待自己过失的方法。

其实，不仅是对自己，对他人我们也要放下对完美的追求。因为世界本来就不"完美"。我们不快乐的程度，取决于现实跟它们想象的样子之间有多大距离。很多时候，如果我们不凡事苛求完美，快乐也就变得简单多了。

永远不要伤害自己

网络上经常会出现一些手臂上布满刀痕、烟疤的照片，我们很难把它们和处于花季的孩子们联系在一起，但是很遗憾，他们正是"主力军"。这是一种身体和精神上的双重伤害，可是他们并不觉得这是在自我伤害；相反，他们每次自残后都感觉"好受"了一些。

对此，我们可以理解。这种伤害就像是一种变态的奖赏，可以从身体的疼痛中获得心灵的解脱感，但绝不赞成。因为这种缓解只是暂时的，从长远来看，是无效的，是要付出沉重代价的。理由就是你需要不断重复自残，就像饮鸩止渴。

实际上，青少年之所以会自残，往往和他们的情绪表达无力、情绪调节困难息息相关。相较于其他年龄段，青春期的孩子，随着自我意识的快速增长，会出现高敏感、情绪波动大、想法多且复杂等情况，很容易陷入纠结矛盾中。在积累了大量情绪却无法有效释放的情况下，他们可能就会出现极端行为。当然，原因并不单一，也会有释放情绪压力、打破麻木、自我惩罚、吸引他人关注的因素存在。

而不管原因是什么，都要采取针对性的办法让孩子从伤害自己的深渊中走出来。对于有这种倾向和已经受到这种伤害的青少年来说，要认真体察并根据自己的情况，采取相应的办法，完成自救。

承认并体察自己的情绪

不可否认的是，情绪表达无能、无力的原因多来自家庭。孩子总是被父母引导，将自己最直接的情感与不愉快的事物相联系。比如，他们可能会因为哭闹而受到过处罚，也可能因为嬉闹而受到过处罚。这种由于表达情感所受到的压制，慢慢使他们想说的话、想表达的情绪、想哭、想笑，都被强烈地制约着，造成了情绪表达无能、无力。

与其让父母作出改变，不如改变自己。

在不能公开表达情感的时候，你至少先承认它们的存在。也就是说，你要允许自己体验情感，允许自己愤怒、害怕、兴奋或其他情绪。然后，在允许的基础上，去感知自己的情绪变化。

在体察自己内心的情绪状态上，可以采取"寻根溯源"的方法。即遇到情绪变化时，先问自己几个问题：我正面临什么问题？它的真实状况是什么样的？有那么糟吗？我在做什么？这样做有益吗？我闹情绪赌气，沮丧或者怀恨在心，能解决问题吗？我该做什么才对？想出积极的做法，然后去行动。

还可以采取"情绪反刍"的方法。就是以联想为纽带，沿着自己心灵发展轨迹反向信步溯流而上，用一种情绪去联想更多的情绪状态，慢慢体味、细细咀嚼自己过去所体验到的各种情绪。这样做可以使一个人变得心平气和、性情陶然。

承认并学会体察自己的情绪,其实是为正确表达情感而作出的必要准备,否则就会出现:明明是担心,表现的却是生气;感觉无助,却以攻击他人来发泄,而这样做只会使问题更糟糕,对问题的解决没有任何帮助。

及时宣泄负面情绪

负面情绪堆积带来的压力是巨大且沉重的,这给了自残最直接的理由。所以,有了负面情绪,及时宣泄出来,就变得十分必要了。比如,你可以:

倾诉——通过适度、恰当的倾诉,可以将学习或生活中的压力逐步转化出去，也可以从朋友那里获得支持和鼓励，重新唤起奋进的勇气与决心。

写作——美国心理协会倍加推崇写作减压这种方式，写作的内容是什么呢？包括你的压力体验，你生理、心理上的一切烦恼。

大笑——当你发自内心地大笑时，体内引起压力的激素可的松和肾上腺素便开始下降，免疫力增强。这种效果能持续24小时。有趣的是，当你预感即将大笑时，这种效果就已经开始了。

听歌——音乐可促进身体和心理的放松，缓解紧张的情绪，减轻心理压力，还可从中获得生活的力量和勇气。

睡觉——睡眠不足容易让人体的T细胞受损，人体的T细胞是负责对抗外来细菌的，而且疲惫的身心更容易产生压力，一个有充足睡眠的人一定比经常性失眠的人耐受力、抗压力强，拥有较强应付环境变迁的能力。

运动——慢跑、快走等是缓解压力的好办法，而且简便易行。

总之，不管你用什么方法宣泄，一个前提必须记住：永远不要伤害自己，不管是身体还是心灵。

被霸凌不是你的错

伤害你的，除了你自己，其实还有别人。

对于在学校的孩子来说，就是屡禁不止的校园霸凌。安徽怀远某小学副班长逼同学喝尿吃粪；山东日照五莲县一名初中男孩在厕所被群殴；湖南一名女生在不到100秒视频中被掌掴几十次；陕西延安吴起县6名高二女生持刀威逼5名学妹脱光衣服，还有最近被全网刷屏的河北邯郸3名初中生杀同学案件……这些还只是校园霸凌现象的缩影。

我们在痛恨施暴者和心疼受害者的同时，更应该帮助孩子，免受伤害并摆脱心理阴影。

你知道自己正在被霸凌吗？

一些孩子遭受了校园霸凌，却没有采取任何自救行动，是因为他们根本没有意识到别人对自己做的事情是不对的。央视主持人尼格买提在提到自己童年遭遇校园霸凌一事时就说，由于长时间被欺负，他甚至都以为被欺负是正常现象，直到长大后才知道那是校园霸凌。

一般来说，下面这些行为都属于校园霸凌。

肢体欺凌：通过暴力推搡、拳打脚踢、抢夺或勒索财物等肢体动作去恐吓、伤害他人。

言语欺凌：通过骚扰、辱骂性语言（如当面或背后羞辱、讥讽、嘲笑、诅咒、起外号等）对他人进行伤害。

社交欺凌：故意离间破坏同学之间的关系，如散播谣言、泄露他人隐私、损毁他人形象、孤立排挤他人等。

如果你遇到了以上行为中的一种或几种，那么别怀疑，你正在被霸凌，这时你需要采取行动了。

面对霸凌，找到正确的解决之道

霸凌面前，先保证自己的安全，是基本的前提。

不管父母告诉你的是"忍一时风平浪静，退一步海阔天空"，还是"如果有人欺负你，你就打回去"，你都不能一概而论。如果你完全忍气吞声，对方可能会变本加厉地欺凌你。如果对方力量远超于你或对方是没有底线的恶孩子，你的一时之勇，又可能会给自己带来更大的伤害。所以，正确的做法：

面对对方的言语挑衅，视情况不理睬。一段时间后，如果对方停止,那就展示你的宽容;如果对方变本加厉,那就在适当的时候展示你的锋芒,亮出你的底线,很多时候,那些欺软怕硬的人就会被吓退了。

面对正在发生的恶性霸凌,要保持镇定,不主动挑起肢体冲突,第一时间保全自己,关于钱财之类的身外之物,当舍则舍。而且无论对方如何言语威胁,第一时间勇敢寻求帮助——家长、老师、警察(总有一个人会帮到你),而不要独自承受身体和心理的双重打压。

当看见其他同学遭遇校园霸凌时,拒绝当一个冷漠的旁观者。被霸凌的多是无依无靠的孩子,别人的冷眼旁观会让施暴者更加肆无忌惮。其实只要有一个旁观者站出来,那么会有更多的人站出来。大家团结协作,并向家长、老师寻求帮助,一定能够化解校园欺凌。

被霸凌不是你的错

校园霸凌带给孩子最严重的伤害,并不是身体上的,而是心理上的。那些曾被欺凌的孩子会在很长的岁月中敏感、孤独、自卑,甚至出现更严重的心理问题。所以,即使你已经摆脱了校园霸凌,你还需要摆脱它带给你的心理阴影。

其实在整个霸凌事件中,你始终应该清楚一件事情:被霸凌不是你的错!哪怕你真的做错了事情,最严重也自有法律来惩罚你。那个拿你的错误践踏你的自尊,无止境地迫害你的人,才是真正做错的人。

不知道你有没有看过美国经典励志电影《心灵捕手》,主人公威尔·亨廷顿是一个天才数学家,但是由于童年时期被虐待的经历,内心的自我认知一直是有偏差的。他认为自己没有价值,不敢真正去尝试自己擅长和热爱的事情,教授不知跟他说了多少遍"这不是你的错",才让他从错误的认知中走了出来。被关注和被理解的感觉让他重新找到了生活的意义和价值。

所以,不是因为有缺陷或者犯了错误,就应该被欺负。不要陷入自我怀疑,不要贬损自我价值,更不要试图讨好他们,你要做的唯一一件事就是,变成一个坚定、自信的人,找到自己的生活方向,开始新的生活。

第三章

潜意识重塑,找到内心的平静

潜意识重塑,是一个深入探索自我、挖掘内在力量的过程。在这个过程中,你能够更加清晰地聆听自己的心声,把握自己的方向,从而在人生的道路上更加坚定、从容地前行。

正念：真正实现脑放松

不知道你有没有发现，你内心中几乎所有的痛苦感受，不是源于对已经发生的事情耿耿于怀，就是对还没有发生的事情担心忧虑。你可以想一想最近真正困扰你的事情，大概率是不是这样的。

从这个意义上来说，如果可以专注于当下，那么精力的浪费、精神的苦闷就会消失不见了。

这其实就是正念——把时间和精力倾注于当下。

这就好比爬山，一路上走走停停，看看沿途的风景，安心享受山峦起伏，心情也会变得愉悦恬静。如果你总是仰望着山顶，以为幸福在山之巅，当你心无旁骛、气喘吁吁地爬到山顶，回头却发现最美的风景其实留在了曲折蜿蜒的山路上……来回往复，你永远也别想得到快乐。

道理看似浅显而又通俗，想要做到却是很难的一件事。这需要你拥有强大的正念。

如何不悔过去？

无论你惦念的是快乐的往事，还是痛苦的经历，都与正念背道而驰；但要想不被过去困扰，遗忘大概率是做不到的。人脑的忘却功能毕竟不是写在纸上的铅笔字，想擦掉就可以擦掉。快乐的回忆还好说，尤其是那些让你懊悔的事，由于人脑生理功能的障碍，痛苦不快的经历会使人的心理变得敏感又脆弱，因此，要真正忘记一些痛苦是很难的。那么，我们唯一能做的就是在自己开始后悔的时候，让自己明白，后悔是无济于事的，尽量让自己花在追悔上的时间少一些。

在德国，有一个造纸工人在生产纸时，不小心弄错了配方，生产出了一批不能书写的废纸。因为这件事，他被老板解雇。正在他灰心丧气、愁眉不展时，他的一位朋友劝他："任何事情都有两面性，你不妨变换一种思路看看，也许从错误中能找到有用的东西。"

于是，他振作精神，认真研究那批"废纸"，赫然发现，这批纸的吸水性能相当好，可以吸干家用器具上的水分。于是他把纸切成小块，取名"吸水纸"，拿到市场去卖，竟然十分畅销。后来，他申请了专利，独家生产吸水纸发了大财。

可见，错误既可以成为埋葬一切的坟墓，也可以成为"而今迈步从头越"的起点。其实谁都想让自己所做的每一件事都完全正确，谁都想让此生了无遗憾，可这只能是一种美好的幻想。"尽可能少犯错误，这是人的准则。不犯错误，那是天使的梦想。"与其把时间浪费在后悔上，不如把时间专注于当下，总结经验、再接再厉，以弥补自己曾经犯下的错误，这才是一种对自己的人生负责任的态度。

如何不忧未来？

一只新组装好的小闹钟被放在了两只旧钟旁边。两只旧钟"嘀嗒嘀嗒"一分一秒地走着。

其中一只旧钟对小闹钟说："来吧，你也该工作了。可是我有点儿担心，你走完三千二百万次以后，恐怕会吃不消了。"

"天哪！三千二百万次。"小闹钟吃惊不已，"要我做这么大的事？办不到，办不到。"

另一只旧钟说："别听他胡说八道。不用害怕，你只要每秒'嘀嗒'摆一下就行了。"

"天下哪有这样简单的事情？"小闹钟将信将疑，"如果这样，我就试试吧。"

小闹钟很轻松地每秒钟"嘀嗒"摆一下，不知不觉中，它已经摆了三千二百万次了。

这个小寓言故事有没有给你一点儿启发？

总为明天忧虑的人，看似"目光长远"，其实却是"目光短浅"，因为不管你把它描绘得很美好还是很苦恼，都没有意义，它还未发生，你需要面对的是现在，你能够享受的也只有现在。

你是不是觉得这与我们常说的规划未来相互矛盾了？不要把忧虑和规划未来混为一谈。规划与忧虑的最大区别在于前者是合乎逻辑的、理性的；而后者是不合逻辑、非理性的。一定要为明天着想，小心地考虑、计划和准备，可是不要担忧。

正念练习

其实道理你肯定懂，但做起来就难了，往往会不知从何下手。

那么，我们回归主题，从"正念"二字来看。"正"，表示发生在当下的事情；"念"，就是我们内心的意念、想法。合起来的意思，就是对发生在当下的事情的感受。

举个简单的例子，如刷牙。你之前刷牙时，是不是会一边刷一边想着早餐吃什么、今天一天有什么安排，或者干脆啥也不想，大脑待机中？实际上，这两种情况，都表示你没有全身心参与当下，也就是说你没有把心思用在刷牙上。

那么现在，你试试在刷牙时把念头仅用在刷牙这件事上。

你可以选一个定位点（每一次也只能选一个点），或者感受牙膏的气味，或者感受牙刷与牙齿摩擦的声音，还可以感受刷牙的动作……总之尝试把你的念头聚焦于一点。一开始，你也许还会走神儿，或者意识涣散，但没关系，当发现走神儿时，就把意念再转回到原来的那个定位点上去就可以了。

多次练习后，你会慢慢发现，找回平静越来越容易了。

当你可以真正做到，运用自己的正念技巧来面对学习和生活中的各种挑战时，你其实已经在平静中变得更加强大了。

Follow your heart

希望你在看这篇文章之前，先回忆一下：当你遇到一时的困难、需要选择的岔路口，或是打不开的心结时，你是怎么度过的呢？

是听从了别人的意见，还是顺从了自己的内心呢？

不可否认，每个人的一生中，都会伴随许多"声音"。其中来自外界的声音最多，包括质疑的、鼓励的、诋毁的、善意的、偏颇的、中肯的……但不管哪种声音，都是在说：你要怎样怎样！而在外界的种种声音面前，许多人发不出自己的声音，即使有，也因小小的、弱弱的，而总是很快被淹没。

其实，这正是造成你心底里的迷茫和精神上的自苦的真正根源。因为你不敢为自己的生命负责，不敢为自己的抉择做主，不知道将自己置于何处才是正确的。在一次又一次体验过这样的感受后，你内在的能量就散乱了。

但事实上，我们每个人的生命都应该是属于自己的，你可以选择自己想要的一切。静下心来，听一听自己的心声，按照自己最真实的想法去生活，我们的生命才开始发生本质上的不同。没有什么承担不起，也没有什么过不去。因你正在被一种稳定的力量支持，它来自你的内在，而这样的支撑自会让你抛去很多问题，那么也自然会让你感觉到轻松很多、自在很多。

所以，Follow your heart！以自己内心真正的渴望为动力，以自己的现在为基础、梦想为参照，一天天督促自己朝着那个想去的方向走下去吧，你终究会成为更好的自己。

那么接下来，就是学会如何听从自己内心最真实的声音。

原则：与他人"分离"

要想发出并听到自己内心的声音，一个基本原则，或者一个基本前提是，与他人"分离"。

这里的"分离"，并不指空间或身体的离开，而是在情感层面能够把自己和父母或其他任何人分开。这是人成熟的必要条件——"成年人"意味着在心理层面能独立地为自己做决定、负责任——能否为自己负起责任，这是成年人与未成年人的本质区别。

也就是说，作为一个即将步入成年的人，必定会渐渐在心理层面独立于父母或其他任何人；尝试独立承担责任，不受他人干涉。

关键：抓住每一次发声的机会

一件事反复去做就会养成习惯，而习惯的力量是巨大的。那么，再遇到任何事情时，你都可以将其看作一个很好的时机。尤其是面对心理上过不去的事情，让自己进退两难、内心纠结的事情，或者遇到一些挫折和磨难时，一定要静下心来听一听内心的声音，不管它有多微弱，也要坚持自己的观点，也要听从这些声音来指导自己的生活。每一次，其实都是一次世俗与心灵的交战，也是一次"心"和"形"的较量。听得多了，做得多了，你才能"心不为形役"。

重点：勇敢"反抗"

在坚持本心的过程中，必定不会一帆风顺。这听起来确实令人沮丧，可是，"不经历风雨怎么能见彩虹，没有人会随随便便成功"——这是一场危机，是危险也是机遇。其实，人类心理发展的事实是，人必定要反抗，发出自己的声音，才能够真正成为自己。在你极力挣脱父母及他人束缚的同时，心理能量会得到不断的历练和增长；当你坚持自己不放弃，他人最终也会尊重你的决定。

补充：不要归罪于他人

如果你依然偶有"背叛"本心之举，那么，即使你是因为听从了他人的意见才走错了路，也不要将问题归罪于他人。因为只有你才能决定是否采纳他们的意见，所以该负责任的还是你自己。归罪于他人，客观上又将解决问题和作出下一个决定的权利交给了别人。

误区：随心而非随身

说了半天，你真的清楚随心到底是什么吗？举个简单的例子：我现在好累，不想锻炼；我不想学习，只想"躺平"；我好饿，吃了这顿再减肥吧……这样叫随心吗？

不，你可以叫它随身、随性，或者随心所欲，但就是不能叫随心。随心其实是一种态度，一种生活方式。它强调自我内心的感受和追求,鼓励人们勇敢地表达自己的想法和情感;但很多时候,它会受到身体感觉的蒙蔽,这就需要你在理智和情感之间找到平衡,让自己的内心得到真正的满足,这才是真正的随心。

幸福感的源头

原本应该是无忧无虑、安心学习的年纪,你却常常感受不到幸福,你有没有想过到底是哪里出了问题?

幸福是什么?

要想获得幸福,我们首先应该知道什么是幸福。是金钱?是身份地位?还是可以肆意妄为地生活?实际上,这都不是幸福。幸福其实是一种感觉,是一个非主观的存在。钱钟书先生在《围城》里有一段妙解:"天下有两种人。譬如一串葡萄到手,一种人挑最好的吃,另一种人把最好的留在最后吃。前一种人永远快乐,他吃的总是剩下的葡萄中最好的;后一种人永远悲哀,他吃的总是剩下的葡萄中最坏的。"也就是说,幸福与烦恼都不是外在的,而是在心中"生长"的。如果你愿意,人生中的任何时刻,你都可以让自己幸福起来。

如何找回幸福

关于幸福,经济学中有一个简单而有趣的公式:

幸福 = 效用 / 期望

从这个公式中,可以知道,要想提高幸福的指数,无非两种途径:要么增大分母(效用),要么降低分子(期望)。就效用而言,它是指人们有欲望而得到了满足。效用因人而异,不同的人在同一体量的商品中,所取得的效用是不同的。但一般情况下,每个人所获得的效用可以看作既定的。那么，降低期望值，就是增加幸福感最行之有效的一种方法。

举例来说，如果你捡到了一块钱，只想用这一块钱吃碗白米饭，那么这时你的期望值是1，效用也是1，你的幸福感就是100%，但是，如果你想去国外游玩，或者想买辆好车，你的期望值就是十万、百万，你的幸福感就是十万分之一、百万分之一，幸福感就真的是微乎其微了。所以，别怪命运亏待了你，什么老爸没钱、老妈没权、学校不好……都是借口。如果理性思考一下，你会发现自己之所以对生活感到失望，几乎都是因为抱有太高的期望。你把学习和生活想象的应该是以某种特定的方式呈现，但凡和事先预想的不一样，就会感到沮丧万分。

其实，期望本身是好的，但如果你"尽可能大胆地展开美好憧憬"，那么，那些期望就会变成一个个高高的门槛儿，把你阻隔在了幸福的门外。这时，你就需要重新恢复或重置自我内心的评价体系了。有一个词叫"量力而为"，在自己能力范围内，看看自己需要什么，能得到什么，多久可以得到，能以什么样的方式得到，一定会比盲目的天马行空的追求会让你更幸福。

深度思考：你要幸福，还是要比别人幸福？

如果我们只想获得幸福，其实是很容易实现的（调低你的期望值就好）；很多时候，你会走入一种误区——我要比别人更幸福。这就很难实现了，因为我们对于别人的幸福的想象总是超过实际情形。

其实在这个世界上，没有任何一个人的生活值得你去羡慕——也根本没有必要——当你羡慕别人得到了什么时，你并不知道他们失去了什么；当你羡慕别人拥有了什么时，你并不知道他们付出了什么；当你羡慕别人获得了什么时，你也并不知道他们真正需要和想要的是什么……无论是别人展示的，还是我们关注的，往往是风光、辉煌的一面。

每个人的世界其实都好像一座围城，站在城里，向往城外，而一旦走出围城，就会发现，你并没有自己想象中那么差劲，别人也并没有你想象中那么无忧，终究每个人的生活都是差不多的——宫殿里也会有悲恸，瓦屋里也会有笑声。把目光更多地放在如何去过好和关心自己的生活上，你才会得到真正的快乐和幸福。

正如叔本华所说："我们很少想到自己拥有什么，却总是想着自己缺少什么。"每当自己感觉沮丧时，你不妨做做这样的想象练习：想象自己现在所拥有的所有东西，如你有没有四肢与眼睛可用？有没有疼爱你的父母？有没有一个可靠的朋友？甚至只是有没有对一个假期、一次聚会的期待？或者一本想看的好书、一个想刷的剧？……然后自己在脑海里设想如果没有这些，你的生活会变得怎样。等你充分体会到了那种失落空虚的感觉，再慢慢地、一件一件地把这些宝贝还给自己，这时你一定会惊讶地发现自己好多了。

松弛感来自"容错空间"

2023 年，电影《孤注一掷》的热播又让我想起了那个花季女孩徐玉玉，她因被骗 9900 元学费后，心脏骤停而离世。还有那个自缢身亡的 25 岁的研究生罗正宇，直接导火索是一笔 5 万元的"网贷"……种种悲剧，不胜枚举。

骗子固然要抨击，但是终究只是表面文章。当事人亦要反思自己。从某个角度上说，当事人其实是败给了自己。面对过失与错误，他们无法与自己和解，内心充满了挣扎，而越挣扎，往往越难以摆脱，甚至陷得越深。

可是，谁敢说自己一辈子不会犯错呢？既然错误避无可避，那就应该给自己留出一定的"空间"来容纳它。有了"容错空间"作支撑，内心才有稳固的安全感，才能保持自在松弛的生活状态。所以，你要了解以下几点。

别把概率当必然

万事皆有可能，如你们老师说，衡水中学高三年级前 10 名能考上清华大学，这件事是有可能的，且概率很大，但是这并不是必然的，如考试时的临场发挥就会一定程度上影响考试成绩。如果你把概率当必然，一旦考试失利，肯定会难以接受，也许就会在自我责备中沉沦。在你可以接受可能出现的各种结果的前提下，展开追求，才是最明智的前进方式。

计划赶不上变化

我们常说"计划赶不上变化"，这是由于人的视野会为自己当下的认知、现实情况等所局限，你很难从想象未来的样子中跳出来。比如，你设定了一个健身目标：全年慢跑 1800 千米。然后你把目标分解成每日任务：每天晚上划出一部分时间慢跑 5 千米。是不是你只需要照此执行就可以完成目标了呢？但现实情况是，你会遇到各式各样的"意外情况"。比如，某天下了一天的暴雨、某天作业特别多、某天打球时崴了脚等，不顺心的事会如雨点般扑面而来。

这对我们的启示就是，计划，实际上是一种动态调整。还以刚才的跑步计划为例，可以买一台跑步机（下雨不愁）、把锻炼时间改到早晨（避免学习与运动的冲突）、重新调整每日运动量（将因伤耽误的时间追回）等，而不是因计划之外的事情抱怨自己、抱怨他人，甚至抱怨老天爷。

人生无法重来

在犯错和失败之后,许多人总会一遍一遍地责备自己的选择或过失,一遍一遍地对自己说:"如果我之前好好学习,现在就不会跟不上、听不懂了。""如果我今天没有带手机出门就好了,就不会丢了。""如果那次我没有生病,我就有机会去上海了。""如果我当初小心一些,就不可能产生这种后果,唉,都怪自己太粗心。"……

其实,这时的懊悔情绪无可厚非,学会反省也是必要的——这可以让我们从中总结失败的原因,以免以后犯同样的错误,但对问题的解决没有任何意义。它不但不能改变既成的事实,反而使我们面对着错误——向后退而不是向前进。你只是在浪费时间。重要的是,它还很可能成为你不再去努力的借口。这就真正是蠢人之举了。

人生无法重来,世界上也没有后悔药。如果你现在正在为曾经的错误或失败懊悔不已,那请赶快放下这个负担,尽快调整心态。让过去真正成为过去,未来才能辉煌到来。

(1)积极行动。

将满腔悔意转化为积极的行动力,淡薄后悔的意识。

(2)转移注意力。

分散、发泄注意力,把眼光转移到别处,就能减少感觉后悔的时间。

(3)换个角度。

找到事物积极的一面,接纳结果。永远向前看,生活总是充满希望。

(4)时间治疗。

相信时间会带走一切不好的,带来一切美好的。

(5)捂住耳朵。

找到适合自己的生活模式。走自己的路,让别人说去吧。

学习篇
——超越课堂，多彩成长

第四章

开启超越式学习之路

当你不再满足于传统的学习方式,而是渴望实现自我突破和成长时,你便开启了超越式学习之路,踏上了一段富有挑战性的学习旅程。

我为什么要学习

"学习"这两个字,对于青少年来说,是绝对的重中之重,它所蕴含的意义,是任何一个词都无法取代的。因为仿佛从出生到现在,我们一直都在学习。那么,你有没有问过家人或者自己:我为什么要学习?

学习的真正意义

妈妈说,学习是为了你有个好前程!爸爸说,学生就是要学习,这是雷打不动的规矩!爷爷说,你不学习就得干苦力活!奶奶说,学习好就能挣大钱,我们都跟着享福!

他们这么说好像也没错,"只有好好学习,才有美好未来"的思想,似乎成立了。

但是仔细想想,这并非学习的本义和真谛。

学习,其实是我们内在的生命力。它决定着我们成为什么样的人,拥有怎样的生命状态。

无论是科学的奥秘、艺术的魅力,还是文化的瑰宝,只有当我们投入其中,才得以领略其中的精彩。通过学习,我们可以了解不同文化、不同思想,感受不同的人生经历与情感体验。这种视野的拓宽,让我们的生命变得更加丰富和多彩。

而在不断充实自我的过程中,我们又可以更加深刻地理解世界、认识自我,拥有更加独立和成熟的思考方式,进而塑造出更加积极、健康、有意义的生命状态。它让我们不断成长、不断进步,让我们成为更好的自己,让我们的生命充满无限可能。

也就是说，学习，不仅是一个获取知识的过程，还是一段让生命变得丰富多彩、充满无限可能的旅程。那些未来的美好可能，只是学习在无形中赠予你的礼物，而你学习的真正理由却并非那些。

学习，是你自己的事情

学习很苦，上学很累，作业很无味。读书哪有小视频好看，更没有游戏好玩。如果你真的这样想、这样做，也不违法（只要完成了国家规定的九年义务教育）；但是，失望的是你的亲人，你对不起的是你自己。

"少壮不努力，老大徒伤悲。"这是一句熟到令人生厌的话，但是尽管大人们一再提起，多数青少年却无法体会其深意，以至于听而不闻。殊不知，这一句话，是多少前人在历经多少次失败后所总结出来的一句真理。比利时《老人》杂志就曾在全国范围内，对60岁以上的老人开展过一次题为"你最后悔什么"的专题调查活动，结果显示，72%的老人后悔年轻时努力不够，以致事业无成。

既然如此，正处于学习最佳时期的你，还有什么理由虚度光阴呢？况且，学习本来就是你自己的事情，是你为了自己的成长和幸福，而应该主动去做的事情。别人的要求或期望，终究比不上你自动自觉地奋发向上。

你可以给自己算一笔时间账，自己在某方面花费了或即将花费多长时间，将获得什么样的收益。这种收益可以是快乐、金钱、名誉、自我价值等。如果结果是你将大部分时间用于虚度，如打游戏、看肥皂剧、刷小视频等，那么这种时间消费的失衡，这种暂时的"很酷""很刺激""很舒服"的享受，必然会让你在今后的生活中付出惨痛的代价。因为当你有一天终于幡然醒悟，发现同龄人已经用青春时光换取到了物质财富和精神丰富，而自己却一无所有时，一定会后悔莫及。而当你想奋起直追时，发现自己已经力不从心。那么，不管是你的生活还是你的心灵，都一定会过得很艰难。

学习不易，这是共识。这条路上，或有泥泞，或有荆棘，但也正是这些不易，会锻炼你的意志、磨砺你的品格，让你的生活变得更加充实和美好。

所以，还不明白该做什么吗？还在等什么？

突破舒适圈，你的极限不在这里

"我在我们班已经是第一名了，没有进步空间了。"
"我比我同学的字写得都好看，不用再练字了吧？"
"我一分钟跳绳比他们多50多个了，还练啥呀？"
…………

你是不是也会在某方面觉得自己非常优秀，从而放弃了继续努力？

这其实是"舒适圈"带给你的错觉。刘润在他的《底层逻辑》一书中说："当你一直处于舒适圈时，你周围都是与你在同等层次，甚至没有你优秀的人，你会产生一种自己最优秀的感觉。如果对外界没有认知，就很难知道自己的不足。"当你躺在舒适圈造就的虚假温床上睡大觉时，它会把你的潜力一点点淡化，最终落得个"泯然众人矣"。

如何突破我的舒适圈？

在回答这个问题之前，我们先来看看什么是舒适圈。

舒适圈，顾名思义，就是让你感到安逸、舒适、轻松、有掌控感的一个圈子、一个区域。也就是说,你处在熟悉的人和环境当中,用习惯的方式做你擅长的事情。它可以帮助你节省很多精力,但同时因为没有变化、没有挑战,也会让你难以进步。

在现实生活中,你会发现许多人在大喊着"跳出舒适圈!"如果只是因为盲目跟风,看到大家都在忙、都在进步,而担心自己被别人落下,也不得不跟着"跳"的话,那多半是一次失败的尝试。因为这样的人既缺乏独立思考的能力,又不根据自己的能力范围做决定,后果是可想而知的,不知道前方有多少"坑"等着呢!

所以,要想突破舒适圈,不仅要拥有改变现状的勇气,还应该拥有与之配套的头脑。

突破舒适圈,应该用一种对自己更加负责的方式——不断思考现在的生活,发现局限自己的观念或者生活模式,并基于这些因素进行改变,进而一点点、不断地向前推进你的极限,进而达到更高的层次。

比如,你的舒适圈不再让你感到舒适,或者它阻碍了你的发展,又或者你对自己的人生有了新的规划……那么,你就可以在能力范围内进行大胆尝试。如果你的舒适圈还有扩大的空间,可以通过时间的迁延性,将量的改变积累成质的飞跃,那么不断拓展舒适圈的边缘,把擅长的领域不断扩大,将学习圈慢慢变成舒适圈,这样循序渐进地成长,才是最有效且持续的。

我的能力极限在哪里?

如果要问一个人的能力极限在哪里?恐怕没人能准确答上来。因为人们有一种特殊的能力——潜能。它就像一座无限大的"宝藏",电脑可能会遇到硬盘已满的情况,而人脑绝对不会。

用长跑来举例,你就会明白了。比如,你在进行3000米长跑,跑着跑着你会感到很疲惫，胸口像被什么东西塞住了一样，腿也像灌了铅一样，脑子里不断蹦出"我不行了，我不行了"的声音，你坚持下去会发现，扛过去就轻松了，你甚至会越跑越快。

其实，你的能力和身体是一样的，你以为到了极限，但它其实只能算是一个"极点"。因为"自我限制信念"常常会自己跑出来阻挠你。这种自我限制信念就是你潜在能力的"刹车"，它让你裹足不前，它会生发出个人成功的两个最大敌人——怀疑和恐惧。你会瘫痪无力，你会不敢承担心智上的风险——在释放自己潜能所必须承担的风险面前，畏缩不前。

实际上，那些让你感到艰难的东西，那些你头脑中"你不行""你做不到"的声音，都是障眼法，它们不过是你前进路上的一个又一个"极点"罢了。你必须不断发起挑战，摒弃任何消极想法和意念，只接受这样一个基本原则：你是个"能力无限"的人，别人能做到的，你也能做到。只要你过去了（扛、挺、滚、爬……别管你的姿势多难看），你就会变得更快、更强、更有韧性。

死读书当不了学霸

似乎每个班都有这样一个人：

自习课，别人睡觉聊天，他在学习；课间，大家打闹嬉戏，他在学习；餐厅里，别人吃饭，他还要边吃边学习；晚上，别人呼呼大睡，他打着手电也要学习……

那么，他是我们常说的"学霸"吗？

即使他有还算不错的成绩，但很大概率，这是一个只会耗时间、打着努力的幌子感动自己的"伪学霸"。

远离低效率的勤奋

古人云"天道酬勤",但这个"勤"字经常被片面地理解为一种时间和行动的大量付出。"凿壁偷光""悬梁刺股""囊萤映雪"等历史典故,也往往让人只关注到勤奋的"外皮"。实际上,真正的勤奋,反映的是内心真正想做事的渴望和做事的热忱。它的衡量标准,不是时间,而是效率。

所以,有时候你会看到有些人自习课睡觉,照样考啥都会;私下不刷题,各种题型都难不倒他们;他们不背历史书,讲起历史来却头头是道;不报课外班,读书看文摘、英语看美剧……每个学霸也许都有一套自己独有的学习方法,但是他们有一个共识:时间不是衡量学多少的标准,效率才是。

所以,他们知道如何合理利用时间,以达到学习的高效率。

成绩和爱好并不冲突

更重要的是,学霸可不是"两耳不闻窗外事,一心只读圣贤书"的书呆子。好成绩和广泛的兴趣爱好,实际上是不冲突的。

比如,2020年湖北省的理科状元唐楚玥,生活中是一个多才多艺的少女。据悉,唐楚玥小时候喜欢游泳、打球,屡次在运动会上取得好成绩;还写得一手好字;参加过学校组织的课本剧展演;担任过学校歌咏比赛的钢琴伴奏;等等。再如,武汉三中的文科状元邹玥淇,同样多才多艺。邹玥淇热爱唱歌,甚至研究出了用唱歌去背诵古诗的方法,"《琵琶行》这首诗,我就是先会唱再会背的。"一次她接受采访时说道。

其实,只要懂得合理安排时间,将学习与其他的兴趣爱好穿插进行,劳逸结合,不仅不会影响学习成绩,反而会提高学习效率,达到事半功倍的效果。

正如 2018 年华南师范大学附属中学 120 周年校庆的时候，工程院院士钟南山为母校题字，"德智体美劳，成就诸英豪"。真正的学霸，一定是全面的、才华横溢的。不要为了读书而读书，也不要为了提高分数而放弃自己的兴趣爱好。这样才能在不断提升成绩的同时，让心智更加健全，也更利于未来的成长发展。

读万卷书，还要行万里路

除了不能"死读书"，也不能"读死书"。

"读死书"，简单来说，就是缺乏变通，摆脱不了书本知识的束缚。一个典型的事例就是赵括纸上谈兵的故事。赵括自幼学习兵法，谈起用兵打仗之事，即使是他身经百战的父亲赵奢也不能驳倒他；然而赵奢并没有因为儿子的才能而感到欣慰，反而不无忧虑地对他人说道："假使要赵括担任将军，那么毁掉赵国军队的一定就是他了。"后来发生的事证明了赵奢的这一判断。赵括接替廉颇为赵军总指挥，在长平之战中，他只知道根据兵书办事，不知道变通，结果被秦军击败，使得几十万赵军成了阶下囚。

"读死书"，其实正是很多青少年常犯的错误。比如，他们可以在英语笔试中拿满分，在实际交流中却无法流利地沟通与表达，就是因为把书读"死"了，没有将理论与实际结合起来。

培根说："知识本身并没有告诉人们怎样运用它，运用的智慧在书本之外。"要知道，现实世界总是充满太多复杂而又多变的因素，理论和道理一定要结合实际的时空条件才能发挥出它该有的成效。

所以，我们既要在象牙塔中攻读"死书"，也要在丰富多彩的实践中读"活书"——自然之书、社会之书、生活之书，并将这些"书"与已有的知识融会贯通起来。"读万卷书"和"行万里路"有机结合起来，才是成功的法则。

如果你还希望得到一点儿更具象化的帮助，我的建议是：

①培养自己主动获取知识的自学能力。

②培养自己研究问题的能力，开拓创造性思维。

③培养自己进入社会所需要的适应能力。

不妨逼自己一把

人都是有惰性的,甚至可以说懒惰是人的本性。这就决定了真正能够卧薪尝胆、自我警醒的人少之又少。更多的人需要的是鞭策和当头棒喝式的触动,而"逼自己一把"就是"最自然"的好办法。

逼自己,就是要让自己比过去有进步;逼自己,同别人竞争。别人想不到的,自己要想到;别人不敢想的,自己要敢想;别人不敢做的,自己来做;别人认为做不到,自己要努力做到。只有破釜沉舟,才会背水一战;逼得自己走投无路,才会想方设法。

古语曾有"置之死地而后生""破釜沉舟"等说法,讲的就是事情往往到了最后的关头,当事者才不得不冷静下来,绞尽脑汁去思考转危为安的方法。著名科学家贝弗里奇曾说:"人最出色的成绩往往是在逆境中做出来的,思想上的压力,甚至肉体上的痛苦,都可能成为精神上的兴奋剂。很多作家、画家平时灵感难寻,只有在交稿时间非常迫近造成的压力下,大脑里才会涌现出灵感。"

很多时候,真的是,不逼自己一把,你永远不知道自己有多优秀!

那么,具体应该怎么做呢?

不给自己留退路

一个人意志最坚定的时候,往往是在绝境或没有退路的时候。因为有"退路",就意味着有"后悔"的权利,它是最好的一剂后悔药,吃下它你就可以再来一次,但如果你总是想着自己还有另一条路可以全身而退,那么前进的动力自然就没那么强烈了。因此,退路,更多的时候反而变成了牵绊一个人全力以赴的绳索。

因此,如果你希望自己积极行动起来,那不妨先将自己逼上"绝路"。美国灾难大片《2012》相信很多人都看过,影片中有这样一段情节:老爸在黄石公园限行区的栅栏外,将女儿的帽子扔进栅栏里,对孩子们说,帽子掉里面了该怎么办呢?老爸的用意是让孩子们翻过栅栏去捡帽子。这其实和一句谚语有关:"面对一座高墙,却没有勇气翻越时,不妨先把自己的帽子扔过去。"因为一旦把帽子扔到高墙那边,人就会打消一切疑虑,全力以赴地攀墙而过,也就是说,只有把后路切断,人的思维才会全部集中在"如何成功"而非"可能失败"上。只有在这种情况下,人的潜力才可能被激发出来。

把目标调高一些

建立任何的目标,都必须考虑现实的条件。这一点没错。但是,如果过分地强调现实的可能性,而不强调对未来的憧憬,我们就会发现,建立的目标,十有八九不会是什么太大的目标。没有远大目标牵引的人生,潜能也不会有太大的发挥空间。

比如,如果你根据自己现有的能力来确立目标,那么你的能力很难长进。因为能力本身就是一个相对的概念,绝不是天生的,而是后天有计划地去激发出来的。首先确立一个目标,随后有针对性地准备并提升达成该目标的能力,这样你的能力提升的速度才会显而易见。

再如,假如你根据现有的信息来确立目标。这样的目标,也会将你的人生限制在其中。事实上,在我们的大脑生理结构中有一个网状系统,是专门用来过滤信息的。先确定目标,然后你的网状系统就会自动地帮助你去找寻能够帮助目标达成的信息。也就是说,先确立目标,然后寻找帮助目标达成的信息才是正确的顺序。

所以，当你发现学习或者做事没有了动力时，不妨把目标调高一些。当然，别走极端。如果目标太高，即使你完成了其中的一部分，也会给你带来一种挫折感。挫折感太多时，动力是会相应减少的。

其实，如果你真的想逼自己一把，你总能找到适合自己的方法（比如，离开舒适区、找出自身的情绪高涨期、撇开那些不支持你目标的"朋友"、把自己置于危机中、敢于犯错，等等）。怕的是你太容易满足而不求进取。尤其是作为青少年，在当今瞬息万变的社会中，如果你安于现状，很快就会被淘汰出局。只要保持身上的"不安分因子"，即使在探索前进的道路上深一脚浅一脚，那也是走在通往优秀的捷径上！

自我认知的升级与拓展

我们必须承认，人的认知是有边界的。这个认知边界，是保护我们自身安全舒适的城堡，我们在这个认知边界内会感觉到舒服、自在，但同时，它也是限制我们自由学习发展的枷锁，因为我们对一件事物的认识，永远不可能超过自己的认知边界。

如果你只想舒服，选择待在"边界内"，我无话可说。但是，如果想成长，就必须主动去打破这个认知边界，保持接纳、接受的开放性。事实上，所谓的成长，其实就是在不断地学习中，升级自我认知水平、扩展自我认知边界。

接收有效的信息

要想完成自我认知的升级与拓展，我们首先要知道一个人的认知是如何形成的。

百度百科上说:"认知,是指人们获得知识或应用知识的过程,或信息加工的过程,这是人的最基本的心理过程。它包括感觉、知觉、记忆、思维、想象和语言等。人脑接收外界输入的信息,经过头脑的加工处理,转换成内在的心理活动,进而支配人的行为,这个过程就是信息加工的过程,也就是认知过程。"

也许你会觉得,在这个信息大爆炸的时代,获取信息简直太简单了。我们甚至只需动动手指,就能遍知天下事。

你不知道的是,很多时候,你接收的实际上都是"情绪",而非"信息"。比如,你的业余时间就是每天刷刷短视频,打打游戏,这不但不能让你获取多少真实有效的信息;相反,它们还会不断消耗你的时间和精力。要知道,在流量为王的时代,排除极少数优秀的短视频内容,其他的大多同质化严重。它们存在的目的是让我们放松,而不是让我们吸收和学习。而且,根据平台算法和推荐机制,你越喜欢什么内容,就越给你推荐什么内容;你是哪个层次的人,就会跟哪个层次的人交流,即形成"信息茧房",让我们更加故步自封。

事实上,接收信息是一回事,接收有效信息是另一回事。只有足够多的有效信息,才能让我们找出信息之间的关系,进而挖出规律,找到本质,才能形成"认知"。

多读书,读好书

获取知识、拓展认知的一个重要途径是多读书,读好书。耶鲁大学的校长海特莱说过:"各界的人,如商业界或产业界中的人,都曾告诉我:他们最需要、最欢迎的大学生,就是那些有选择书本能力及善用书本的人。"长期坚持阅读习惯,与每天刷短视频打发时间,最大的区别就在于:一个是主动吸收,另一个是被动接纳。二者之间差的是一个思考的过程。只要你愿意,哪怕每天只读 10 分钟,也可以集腋成裘,充实你的知识宝库,培养你的独立思考能力,扩大你的认知边界。

当然,这不是拓展认知的唯一方式。尤其是身处当下飞速发展的时代,单靠个人的能力,很可能一叶障目,而且时间与精力有限。这种情况下,倾听就变成了一种重要的学习能力。听人说话,可以知新博闻,可以开心智。孔子云:"三人行,必有我师焉。"每个人因生活背景、从事职业和社会阅历不同,对事物的理解自然也是见仁见智。其中一定不乏真知灼见,可以带给人以不同的人生启迪。

所以,你不妨竖起耳朵,做个有心的倾听者。也许别人的"闲言碎语",会在无意中为你打开一个新世界。

第五章

找到正确高效的学习方法

学习这件事,只靠努力是不够的。找到最适合自己的学习方法,才能真正达到提高学习效率并取得优异成绩的目的。

激发学习"趣动力"

学习的兴趣在哪里

不管学习还是做任何事情,其动机都应该是一种渴求感,或者叫兴趣、热爱。它是推动人们去寻求知识和从事某种活动的一种精神力量、一种动力。

你可以试想一下,一个不渴望得到面包和牛奶的人,会为了得到它们而付出辛苦的劳动吗?当然不会。只有当一个人对某件事情产生浓烈的兴趣和有强烈的达成愿望的动机时,他才会采取行动,并坚持下来直到目标达成。

那么,学习的兴趣在哪里呢?

学习动机 = 需求 × 价值

学习,不应该是靠外界的"胡萝卜加大棒"来驱动的。动物行为学家克拉克·赫尔做过这样一个实验:让老鼠走迷宫。他注意到,要让老鼠完成迷宫的穿越,仅提供食物刺激是不够的,食物刺激只是一种对结果的奖励。如果老鼠没有饥饿感,食物就失去了它的价值。它必须是某种需求(摆脱饥饿)和对这种需求的回应(食物刺激)结合的结果,即老鼠穿越迷宫动机 = 摆脱饥饿 × 食物刺激。

对于青少年来说,这条科学结论同样适用:学习动机 = 需求 × 价值。如果你的学习仅靠父母的物质奖励和他人的精神督促支撑下去,必定会在达到终点前泄气。

当你真正明白为什么而学习，并在这个过程中提升了自己的人生价值感时，学习便不再是一件"苦差事"，而是变成了一件有趣的事。被称为"压力之父"的塞里博士就说过："虽然我每天从早上5点一直工作到深夜，但我从来不认为这是一份工作。相反，我更觉得自己是在做一个十分有趣的游戏。因为我喜欢，所以它才给我带来那么多乐趣。"

实际上，要想将需求和价值内化为自己的学习动机，是有一定难度的，寻找的过程也许会很漫长，中途"败下阵来"也是很有可能的事。那么，有没有一条简单且有效的路径呢？

找到学习中的乐趣

其实，学习可以因热爱而变得有趣，也可以因有趣而变成一种热爱。这二者常常可以互为因果。努力去寻找学习中的乐趣，学习就会变得轻松，而且久久不以为苦。

自我洗脑

"洗脑"这个词，常常给人一种不好的感觉，因为它总是伴随着"传销"一起出现。但是，实际上，"自我洗脑"却可以作为一种人生态度或生活习惯，让自己不断精进起来。

"自我洗脑"其实就是对自己进行积极的心理暗示。比如，你可以经常跟自己说："我喜欢学习，我现在要学习的内容很有趣，而且有助于我实现目标。"这样一来，你就会发现，学习真的变得更加轻松和快乐了。

这是因为你的态度在很大程度上决定了你的感受。如果一开始你就认定"学习是一件无聊而且费劲的事情"，那么很可能你的实际感受就是如此。而你的态度改变了，那么你对现实的感受也会发生变化，而且，大声说出来效果往往会更好。

全身心投入

不知道你有没有进入过一种"忘我"的状态。举个例子,当你在玩"王者荣耀"或"英雄联盟"时,是不是会注意力高度集中,打到关键时刻,别人跟你说话你都听不见,谁要是打搅你,你会觉得特别碍事,玩游戏甚至达到废寝忘食的地步。

这种状态其实就是"忘我",即当你全身心投入做某件事时,你的注意力全都集中在这件事情上,因此周围的人、各种干扰和身心需求都被忽略了。这是一种正面的体验,可以让人感觉非常快乐和满足。

如果你可以把打游戏时的"忘我"状态用在学习上,就会让个人满足感不断增加,学习表现更好,也使得你的自尊感得到提升。而想要在学习上进入这种状态,你可以把学习当成一种游戏,利用持续完成"学习关卡"的挑战带来的成就感,激励自己专注、持续地学习。

与朋友一起学习

友谊和学业是可以相辅相成的,与朋友一起学习,会减轻学习的沉重负担,为学习增添很多的动力和乐趣。

比如,有不会的难题时,你们可以一起商量,彼此之间取长补短,共同进步。在和朋友交流的过程中,也可以唠唠心中的烦闷事情,不仅调整好了情绪,彼此之间的友谊也得以加深。或者还可以几个好朋友在一起开展读书会、讨论会,进行数字游戏、诗歌对答、表演外语口语戏剧等,不但非常有趣,而且可以加深对知识的理解和掌握程度。

这一切都需要你的认知。只有你认识到了这一点,你才可能积极主动地去做。

真正的学习不止于课堂

如果我问你什么是学习,你的答案是什么?

上课、做题,我想这是很多人的第一反应,其实这也是大多数青少年对学习的误解。

实际上,学习并不仅局限于课堂、课本。学习是人在生活过程中,通过获得经验而产生的行为或行为潜能的相对持久的方式,是通过阅读、听讲、理解、思考、研究、实践等多种途径获得知识的过程。对于任何人来说,学习都应该作为一种本能,融入我们的生活、贯穿我们的一生。

开启多元化学习之路

多元化学习模式,重在培养自主学习和探究能力,激发创造力和想象力,对于提高你的学习效果、培养你的学习兴趣都有重要意义。

这里给你提供两个建议,希望你可以从中受到一些启发,并最终找到适合自己的学习方式。

(1)实践性学习。

其实就算是成年人,我们在面对学习时,也都很难全靠自制力把课本知识融会贯通,更何况是青少年。相较于单纯的理论学习,实践中的亲身体验更容易让知识扎根于脑海中,形成长期记忆。

你可以从自己的兴趣出发。比如,你喜欢花,就真正去养一盆花。最初,你也许只是想要了解一些养花常识。但在这个过程中,你会发现,你还要了解土壤的构成、水分如何摄取、日照的影响,说不定你又想买一本植物图鉴,或许它还会生虫,你又必须掌握一些植物病虫害的学问了。总之,不必经过他人或自我鞭策,你已经可以以点带面地学到很多知识了。

(2)游戏化学习。

玩游戏,其实是儿童认识世界的重要途径。他们在玩游戏的过程中会变得快乐与开心,更会在这个轻松愉快的过程中,扩大自己的知识领域,陶冶性格,并促进德、智、体、美各方面的发展。

比如,下象棋、围棋等,可以培养逻辑思维能力、决策能力和耐心;徒步、骑行等运动,不仅可以提高身体素质,也能学习地理、自然等方面的知识;足球、篮球等球类活动,可以培养团队协作能力、沟通技巧和领导能力；制作模型、绘画等，可以培养创造力、艺术鉴赏能力和动手能力……但不管玩什么，最重要的是，不要带着包袱去玩（比如，带有功利性目的去玩，或者一边玩一边担心会耽误学习时间等），愉快的心情应该是贯穿始终的。

其实，学习与玩，二者既是矛盾的，又是统一的，是相互依存、相辅相成的。因为即使我们没有在其中学到任何东西（当然，这不可能），单单"劳逸结合"这一项，你的学习效率就会提高。要知道，如果一直坚持学习，大脑得不到休息，人就会筋疲力尽，学习效率下降，结果事倍功半。

永远不要停止学习

学习，不只是你现在需要做的事情，以后的每一天，你都不能停止学习。因为在这个世界上，车子、房子，甚至我们的容貌，一切事物随着时光的流逝都会不断折旧，我们赖以生存的知识、技能也不例外。如果你不愿意继续学习，你的知识就会僵化，缺乏活力，那么终有一天，你会被社会淘汰。

不知道你有没有读过《林肯传》，这个美国第十六任总统，一生中接受正规教育的时间，加起来还不足一年。

7岁时他开始上学，每星期只去学校2~3天，但从那时起，他就开始了对自己的启蒙教育。因为家里没钱，他就把燃烧过的木头当"铅笔"、粗糙的木板当纸，从邻居家借书，并且抓住一切机会阅读。21岁时，林肯外出打工，但他找的工作都是允许他可以长时间读书而不受打扰的。7年里，他广泛地阅读了哲学、科技、宗教、文学、法律和政治学等方面的书籍。1837年，28岁的林肯虽然连小学一年级都没毕业，却已经成为伊利诺伊州的职业律师了。35岁时，他开始竞选公职，几乎输掉了每一次的重大竞选，但他一直没有放弃努力。51岁时，他当选为美国总统，并成功废除了奴隶制。

我们赫然发现，从贫穷、未受过正规教育的社会底层人士，到美国历史上伟大的人物，学习贯穿他的一生。

尤其是当今社会，知识的新旧更替，正以一种前所未有的高速呼啸而至。当你离开校园，走上社会，你会发现，之前还是你引以为傲的知识，也许很快便会成为过去时。知识是没有止境的，那么学习也应该是没有止境的，这样我们才能使思想、心理和精神永远保持年轻。借鉴一位成功人士的话来说就是，"成功的路上，没有止境，但永远存在险境；没有满足，却永远存在不足；在成功路上立足的根本基础就是，学习、学习，再学习"。

与学习建立逻辑链接

喜欢学习，是因为我们可以从中找到乐趣，实现自我价值；那么讨厌学习，必然是因为你很难对学习有喜悦以及快乐的感觉，以至于对学习逐渐失去了信心及兴趣。

最大的可能性：你不会学习

知道要学习是一回事，知道怎么学则是另一回事。学习，从来不是靠死记硬背强行记忆，而是要对知识有所理解，并能够学以致用。

我们以电影《三傻大闹宝莱坞》中的一个场景为例：

课上，老师问："什么是机械装置？"

主演阿米尔汗回答："能省力的东西就是机械装置。比如，今天很热，按下开关，得到阵阵凉风，风扇就是个机械装置；跟千里外的朋友说话，电话就是机械装置；快速运算，计算器就是机械装置；从钢笔头到裤子拉链（他一边说一边上上下下拉着拉链）都是机械装置。"

不过，老师对这样的回答嗤之以鼻，反问他："考试你也这样回答？"

而另一位学生的答案是："机械装置是实物构件的组合，各部分有确定的相对运动，借此，能量和动量相互转换，就像螺丝钉和螺帽，或者杠杆围绕支点转动，还有轮滑的枢纽之类的，尤其是构造，多少有点复杂，包括活动部件的组成。"

这位"好"同学将机械装置的定义熟练地背诵了下来，果不其然得到了老师的赞扬。

如果这种讽刺让你多多少少感觉到"被冒犯"，则恰恰说明你还没有真正掌握学习的要领。

学习的本质，是建立链接

学习的本质，其实是建立链接。打个比方，我们学到的各种知识点就好像一颗颗孤独的小星星，学完后，它们就散落在了大脑宇宙中了。如果没有建立链接，在现实生活中，我们再想把它们找出来就很困难了。这就是我们平时生活中很少用到课堂书本上学习到的知识的原因。

那么如何才能建立链接呢？背后依靠的是逻辑。正确推理事物的规律，挖掘到问题点的核心和关系。当我们了解了事物和问题之间的联系，具备了相应的解决问题的能力，那么我们就可以利用严谨的规则去解决问题。如果只是一味地输入很多知识，而没有通过逻辑这个强大的思维去消化知识，就如同耕地不播种，那么你拥有的知识就只是死的知识。你还指望死去的知识可以解决现实的问题吗？

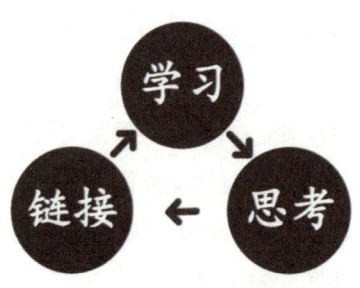

因此,在学习时,你不仅要让自己成为知识的仓库,还要让自己成为知识的熔炉。让知识用起来、转起来、活起来,只有把知识变成活知识,你才能体会到学习的乐趣,也才能在学习的过程中取得更大成就。

试试分段学习法

对于厌学的孩子来说,"失败是成功之母"这句话并不适用。

让我们先来看看心理学家塞利格曼和梅尔用一只狗做的实验:实验中,心理学家把一只狗关在一个笼子中,只要铃声一响,就给狗以引发痛感的电击。这样多次实验以后,心理学家改变了实验条件,他们在电击狗之前先将笼门打开。结果发现,铃声响起后,狗不但不从笼门逃出,反而不待电击出现,就倒在地上痛苦地呻吟和颤抖起来。

本来已经可以逃脱电击的狗,却在笼中绝望地等待痛苦的来临,这是为什么呢?

其实只是因为多次受挫之后,它失去了信心,再也没有勇气尝试了。而你讨厌学习的情绪,很大概率也是在持续失败的挫折下产生的。

对于意志坚强的人来说，失败也许是成功之母；但是对于心智尚不成熟的青少年来说，很可能是越失败越没有信心，越没有信心就越容易失败，就此形成恶性循环，成功就很难实现了。相反，越成功，就会越有自信，也就会越容易成功，由此形成良性循环。所以对于没有尝到学习之乐的你来说，成功才是成功之母。

从这个意义上来说，学习兴趣的恢复也得从一连串小小的成功开始。先设定比较容易也很有把握完成的学习目标，然后把难度慢慢加大。这样，每成功一次，便强化一次自信心，自信恢复一分，厌学的消极情绪就减少一分。这样一步一步地做下去，学习成绩一定会逐步得到提高，同时会发现，自己不知道从什么时候开始，已经爱上了学习。

戳破"假学习"的自我欺骗

你只是看上去很努力

我们都知道，所有的成功，背后都有一段辛酸的经历，成功一定是与刻苦努力成正比的。

你有时是不是会觉得自己很"委屈"：为什么我这么努力，还是得不到我想要的？

可是，你真的非常努力了吗？

努力，不是跟时间打持久战

你也许会用一大篇的"苦难史"来为自己的"努力"正名。可惜，

"受苦"不是"努力"的同义词,也长不出"收获"的果实。

举个例子。一个人决定从北京去大庆考察市场,临行前一晚他和朋友在外面玩得比较尽兴,回到家时已经很晚了,担心睡过头会错过航班,就直接在沙发上对付了半宿。由于他是第一次去东北,并不知道 11 月的哈尔滨已经很冷了,因此,衣服拿得不够,下了飞机冻得头痛,又因为没有提前订哈尔滨到大庆的火车票,到了哈尔滨之后只买到站票。一晚上没休息好,又冷,加上又在火车上站了两个多小时,在抵达大庆的那一瞬间,他觉得自己实在是太不容易了。

你是不是也觉得他已经很努力了?但是,仔细想想,他这些所谓的"努力"与他最终把生意做好其实没有任何关系;而且,如果他前一天晚上能早点上床睡觉,多准备点衣服,提前在网上把票订好,完全可以舒舒服服地达到同样的目的。

其实很多时候,大家只是看上去很努力罢了。比如,不爱上晚自习的时候,你会戴着耳机低着头,假装在看书学习,复习功课;自习结束回到家里,在享受父母爱的夜宵后,回到房间,一边看着课本,一边满脑子胡思乱想;考试之前,你觉得自己从早到晚都低着头背单词、看试卷,然而,只有你自己知道到底看进去了多少,脑子里又记住了多少……

当然,"努力"本身确实是需要支付时间成本的,但并不是跟时间打持久战。看起来每日起得比鸡早,睡得比狗晚,这样就能说自己很努力了吗?这哪里是努力,根本就是打着"努力"的幌子浪费时间,最后失败了,好像还不是自己的错,而是时光辜负了自己。

什么是真正的努力呢?

其实真正的努力,应该是一种明白自己在做什么,又能根据自己的能力水平适当投入的行为,而非表面废寝忘食。它需要你在客观认识自己的基础上,确立一个正确的目标,再持续地努力。就像我们常说的,先做正确的事,再正确地做事。

首先,你需要进行准确的自我分析。每个人的个性、天赋、才能、所处的环境等都是不一样的,我们所要做的,不是抱怨自己不如别人的地方,而是认真分析自己的特点,找出适合自己努力的方向。

其次,需要确立一个相对明确的目标。不管你想要的是什么,你都要将它变成一个相对明确的目标,不能模糊不清;但要注意,这个目标应该是具体化和简易化的。也就是说,刚开始,目标不但要具体,而且要低,容易实现,建立了信心和勇气后再来慢慢实现后面更大的目标。一味地好高骛远,往往会欲速不达,连原先的成绩也损失掉了，消磨了信心。

最后，你只管脚踏实地去做，剩下的就交给时光吧。努力，其实不一定非要带着任何目的。事实上，所有的无能为力，大多是因为你不曾真正努力。不懒惰、不偷巧、不抱怨、不放弃地过好每一天。"山不问结果，仍然傲然挺立，高耸入天；河不问结果，仍然奔流到海，不舍昼夜。"等到积之久矣，自然水到渠成。

让你的时间更有价值

上文中我们提到了时间，那不如就好好来说一说它。

其实在所有的资源中，只有时间不同于其他资源。它找不到代用品，既不能停止，也不能保存。它也是最公平的，对谁也不会多一分或者少一分。这意味着，你只有让自己的时间更有价值，才能创造出比其他人更多的价值。

事实上，如果仔细观察身边人，你会有更直观的感受：同样是一起上下学的同学，有的人还要学习舞蹈、绘画、钢琴……还有时间和精力帮忙做做家务等；有的人除了正常上学，就只有写作业这一项内容，还总是一副非常辛苦的样子，成绩没进展，爱好没发展，还抱怨这个抱怨那个的。

这两种截然不同的状态，照见的其实就是对时间的掌控和管理能力。谁能合理地分布时间和精力，把事情安排得妥妥当当、处理得有条不紊，谁就能在有限的时间里创造出更大的价值。

设计你的时间颗粒度

针对时间管理，刘润在他所著的《底层逻辑》中，提到过一个关键词：时间颗粒度。

时间颗粒度，就是一个人安排时间的基本单位。它可以是年，也可以是月，还可以是天，甚至小时或者分钟。像万达董事长王健林，他的时间颗粒度是非常细的，大约是 15 分钟；微软总裁比尔·盖茨的时间颗粒度更细，大约是 5 分钟。当然，时间颗粒度的大小并没有所谓的好坏之分。如果你因此而陷入分秒必争之战，反而与我们管理时间的初衷背道而驰了。

真正的时间管理，其实是让我们的每一分每一秒都有意义，而不是持续地消耗精力。因此，你一定要根据自身实际情况，设计出符合自己的科学合理的时间颗粒度。事实上，当你意识到时间管理的重要性，你的时间颗粒度，也会随之变得越来越细的。

对时间进行"套裁"安排

套裁，是一种服装裁剪工艺，指的是在一块布料上裁制两件以上的服装时，需要作合理的安排，以尽量减少废料。如果我们可以将其用在时间上，往往能够在有限的时间内取得更高的效用。

一个很经典的例子，就是华罗庚先生 1964 年写的《统筹方法平话》。

有一个人为了招待朋友，准备烧水泡茶。这个工作有 5 道工序：烧开水、洗茶壶、洗茶杯、拿茶叶、沏茶。各道工序用时分别是烧开水 15 分钟、洗茶壶 2 分钟、洗茶杯 1 分钟、拿茶叶 1 分钟、沏茶 1 分钟。

第一种方法：

第一步：烧水；第二步：水烧开后，洗茶壶、茶杯；第三步：沏茶。

第二种方法：

第一步：烧水；第二步：烧水过程中，洗茶壶、洗茶杯、拿茶叶；第三步：水烧开后沏茶。

结果：用第一种方法所花的时间为 20 分钟，用第二种方法所花的时间仅为 16 分钟。

其实这就是对时间的"套裁"。一样的条件，运用的方法不同，取得的效果可以相差几倍甚至几十倍。如果你时常感觉焦头烂额、分身乏术，就要学会树立全局观念，将所要做的事情都安排到一个合理的系统当中去，而不是过分拘泥于每一个方面。比如，在刷牙和洗脸的同时听英语或者新闻，在洗澡的时候练练声乐，在上厕所的时候浏览杂志，边整理书桌边背背课文或单词……所有这些，都是对时间进行"套裁"安排的做法。

合理安排事情主次

法国著名作家格雷写过一篇小品文，题目叫作《成功的公分母》，他将自己毕生的时间和精力，都用于探索那些善于营销自己的人的成功经验上。他发现这些人在营销自己这方面之所以能取得很大成功，不是因为勤奋地工作、好运气或精明的人际关系（虽然这些也都是非常重要的），而是一个似乎超过所有其他因素的因素——把重要而紧急的事放在首位。

一般来说，事情按重要和紧迫的程度，可以分为四个象限：重要且紧急、重要但不紧急、不重要但紧急、不重要也不紧急。之后，再确立正确的做事顺序：首先做"重要且紧急"的事情；其次做"重要但不紧急"的事情；再次做"不重要但紧急"的事情；最后做"不重要也不紧急"的事情。

需要注意的是，人们常犯的毛病是把"不重要但紧急"（如朋友突然打电话约出去玩）当成优先，而不是把"重要但不紧急"（学习）当成优先。其实，许多看似很紧急的事，拖一拖，甚至不办，也无关大局；还有人会误以为，"不重要也不紧急"的事往往占用的时间和精力较少（如你想玩会儿游戏），干脆早点完成，好做那些重要的事情（如写作业）。实际上，这是本末倒置——那些事还是有闲工夫再说吧。

如果你能坚持每天这样安排你所要做的事情，那么你一定会成为一个高效率者。

让你的脑子"活"起来

重复很重要，但非最优解

无论是学习语言、数学公式还是科学实验，你会发现，重复，始终在其中扮演着重要的角色。你需要通过不断的重复，来提高记忆的准确性、可靠性，以及熟练度。

但是，如果只靠单纯的重复，你很容易进入"机械记忆"和"反复记忆"的怪圈，前者使你缺乏深入理解和创新思维，后者会大大降低你的学习效率。

因此，在学习的过程中，你还需要考虑其他方法和策略，以达到提高学习效率和全面发展的目的。

利用思维导图

人类的大脑是最神秘也是最神奇的器官。比如，我们仰望天空时，会不自觉地将云朵拼成各种图案。这就说明人类大脑具有对事物进行归类组织的特点。基本上，大脑会将其认为具有共性的事物组合在一起，会把抽象的东西组织成具象的图形，会自动将零散的信息，按照逻辑归纳在一起去记住它。

举个例子，周日上午，妈妈给了你一张采购清单：葡萄、牛奶、鸡蛋、西红柿、土豆、橘子、咸鸭蛋、苹果、酸奶。如果不对照清单去买，你觉得自己会买回来几样？

很难记全，对吧？乔治·A.米勒在他的论文《奇妙的数字7±2》中就提出过：人的大脑短期无法一次记忆7个以上的事物，比较容易记住的是3个及以下的事物。那么，你现在试着把它们分为3组呢？第一组是蛋奶产品：牛奶、鸡蛋、咸鸭蛋、酸奶；第二组是水果：葡萄、橘子、苹果；第三组是蔬菜：西红柿、土豆。

是不是可以不用太费劲就记住这9样东西了？

这个过程，其实就是一个构建思维导图的过程。它可以帮助你很快地厘清思路和逻辑顺序，不管是记忆问题，还是生活问题，解决起来都会变得轻松许多。

使用多种感官学习

美国心理学家格斯塔做过一个实验：他把智商相近的10个学生均分为两组，第一组在第一个屋子里，屋里只有5张椅子和5本《圣经》；第二组在第二个屋子里，室内除5本《圣经》外，还有几本宗教故事画集，同时屋子里播放着宗教音乐。实验要求两组被试者都背诵《圣经》。结果发现第二组成绩远超第一组。

从实验结果，我们可以发现，同时使用两种感官（视觉和听觉），把声音与画面相结合，生动形象与情绪感染相结合，比单纯用眼睛学习得更快。所以，学习英语的时候，你可以既看纸上的英语，又听别人说英语，同时自己也说英语，这样，把视觉和听觉结合起来，就可以学得更快。

事实上,早在宋代,大学者朱熹的"三到"读书法就是在利用多种感官学习:"读书有三到,谓心到、眼到、口到。心不在此,则眼不看仔细,心眼既不专一,却只漫浪诵读,决不能记,记亦不能久也。三到之中,心到最急,心既到矣,眼口岂不到乎?"

除此之外,动手也可以加强记忆。例如,在复习功课的时候,最好自己动手,摘出要点,编写提纲,或者把一些重要的习题再解一遍,重要的公式重新推导一遍,动了手的印象总比不动手的深。

把知识与生活相结合

人都有这样的特点,在接触与自己有关的信息或者事情时,更不容易忽视或遗忘。这在心理学上叫作"记忆的自我参照效应"。

心理学家曾用一个实验验证了这一效应:他们从某个学校挑选

了一个漂亮的女学生做被试，给她看了一些词语：优雅、聪明、漂亮、强壮、清纯、长发飘飘、葡萄、山顶、水花等，要求她在短时间内记住这些词，结果发现，她只能记住和自己有关的词语，如优雅、清纯、漂亮等。

这对我们的启示是，越是和自己相关的知识和信息，我们学习起来就越有动力，成果也会越明显。因此，你可以尽量把知识与自己的生活实际结合在一起，这样既能对知识产生浓厚的兴趣，记得也更扎实。

所以，你可以把学到的一些化学反应，很好地运用到烹饪中。这样既能增强对化学原理的记忆和理解，也能提高你的烹饪技术。举个例子，在学习酸碱反应时，可以尝试自己在家烘焙蛋糕或制作面包。因为面包膨胀松软，是利用了小苏打（碱性物质）与面团中的酸性物质反应，产生的二氧化碳气体导致的。这种实践不仅使学习变得更加有趣和实用，还能让你在日常生活中感受到学习的魅力和价值，一举两得。

当然，方法还有很多，如你可以从网络中或身边人身上"取取经"；但是，不管用什么方法，你一定要时刻提醒自己——重复，依然重要。

冲破"定式思维"

在解释"定式思维"之前，先出一道小题考考你：

有一位既聋又哑的人，想买几根钉子。他来到五金商店，对售货员做了这样一个手势：左手两个指头立在柜台上，右手握成拳头做出敲击的样子。售货员见状，先给他拿来一把锤子；聋哑人摇摇头，指了指立着的那两根指头。于是售货员就明白了，聋哑人想买的是钉子。聋哑人买好钉子，刚走出商店，接着进店一位盲人。这位盲人想买一把剪刀，请问：盲人将会怎样做？

如果此时你伸出食指和中指，做出剪刀的形状，那你就陷入"定式思维"之中了。其实盲人想买剪刀，只需要开口说"我买剪刀"就行了，他又不是说不出话，为什么要做手势呢？

定式思维，简单来说，就是人们局限于既有的信息或认识，久而久之形成一种固定的思维模式，从而习惯于从固定的角度来观察、思考事物，以固定的方式来判断问题。

从某种意义上来说，思维的定式可以使我们在从事某些活动时能够熟练地，甚至不假思索地进行，可以节省很多时间和精力；但是，它有一个极大的缺陷，就是会束缚人的思维，使思维按照固有的路径展开，因而会使我们常常困于某一"瓶颈"之中。

如果你正被困在一个看似走投无路的境地，或正囿于一种两难选择之间，那么，试着打破固有的思维模式，让思维活跃起来，也许会有新的发现，会找到不止一条跳出困境的出路。

创新思维

洛克菲勒说："如果你想成功，就应该走上一条新的道路，而不是遵循被践踏的成功之路。"这句话里其实就包含着突破定式思维的一个重要方法——创新思维。

创新自然是不容易的，因为我们总习惯于走别人走过的路："跟着别人走，就算不成功，也不会输得太惨。"结果自然是难有什么突破，这也正是大多数人碌碌无为的原因。

但要说容易，其实也容易。我们周围的一切，都有可能成为我们创新思维的对象或者能给予我们启发。日本有一名家庭妇女，看见晒衣竿上沾有脏物，她就将塑料薄膜覆盖在晒衣竿上，并浇上热水。由于薄膜收缩，所以就牢牢地粘在晒衣竿上了。这小小的创意，为她带来了100万日元的发明回报。

就像一名哲人说的那样："你只要离开常走的大道，潜入森林，你就肯定会发现前所未有的东西。"其实我们所习惯的思维方式——定式思维，就像一堵墙，坚持朝前走难免碰壁，但如果我们能转个方向，试着向旁边走几步，说不定就能作出别人意想不到的事，从而找到一条通往成功的捷径。

逆向思维

运用逆向思维来解决问题，是突破定式思维的一个常用手段。

所谓逆向思维，就是对问题反过来想一想，以达到创造性解决问题的目的。有逆向思维的人的表现常常令人称奇，"他为什么会想到这样干呢？"

例如，我们从小就耳熟能详的"司马光砸缸"的故事，司马光采取的救人方法就是依靠逆向思维来完成的。按照通常的做法，小孩落水，都是采用从水中将之抱起来的"传统救法"，司马光却一反常规，用砸缸的办法救出了小孩。因为根据当时的情况，还没有人能一下子从大缸里抱起落水的孩子，虽然缸被砸破了，但达到了迅速救人的目的。

德国著名数学家卡尔·雅可比尤其擅长利用逆转策略来解决难题，他的格言是，"逆转，总是应该逆转"。雅可比认为，让自己思路清晰的方法是将数学问题反过来求解。他经常一步步反推需要解决的问题，常常能使问题简单化。

所以，当你遇到"正向思考"无法解决的问题时，就倒过来试试，这样不仅会创造更多的可能，也会为自己叩开成功之门。

发散思维

发散思维,是一种扩散状态的思维模式,是打破定式思维陷阱的一个好方法。

训练发散思维,就要充分发挥想象力。比如,"回形针有什么用?"你可以尽量多想象一些别人没想到的用途:回形针可以用来代替发夹,夹住散乱的头发;可以把很多回形针连接起来,成为链条;可以把回形针的一头拉开,代替针,用它剔除地板、桌子和指甲缝的脏东西;可以把整个回形针拉直,当作鞋带使用——把它穿过鞋带孔扭结起来;可以将它别在纸模型飞机的头部,做重锤用;将许多回形针串联起来,还能做项链……

思维的发散,有时就是这样进行的,对特定的问题,集中注意力,从各种角度和空间去琢磨,尽量让想象力飞跃起来。起初,你会觉得幼稚、可笑,但是仔细总结之后,又会发现新的东西。"非常好的决策方式",往往是从精神游戏中产生的,不过,重要的一点是,片刻不离问题的核心。

从底层终结你的"拖延魔咒"

一招解决你的拖延症

拖延症,一个直观的表述就是,将需要做的事留到最后一刻才去完成。例如,清晨,闹钟把你从睡梦中叫醒,你想着自己所制订的计划,同时感受着被窝里的温暖。你一边对自己说"该起床了",

一边不断地给自己寻找借口"再等一会儿"。于是，在忐忑不安之中，你又躺了 5 分钟、10 分钟，甚至更久。事后，更是会懊悔自己把该干正事的时间都荒废掉了。这就是拖延！

造成拖延的原因有很多，如懒惰、逃避压力、害怕失败的焦虑、过于谨慎的完美主义等。

其实或多或少每个人都会拖延，这并不是一个非黑即白的问题，但是可大可小，有些事拖得，有些事拖不得。如果它已经影响到你的学习和生活，那么，消除它，就变成了必须解决的问题。

要解决拖延，其实一条就够了：逼迫自己立即行动！

改变自己对借口的态度

习惯性的拖延者往往是制造借口与托辞的"专家"。比如，上学迟到了，你会给自己找出"昨天老师留的作业太多，很晚才睡""早起找半天袜子""路上堵车"等诸多的借口。对你来说，借口就像一张温床，可以让人获得心理上的慰藉，而且你觉得自己不太可能解决如"路上堵车"等问题，所以拖延情有可原。

的确，我们无法改变或支配他人、他物，但是一定能改变自己对借口的态度——远离借口的羁绊，抵制借口对自己的影响，坚定完成任务的信心和决心。这样，即使是在既定的环境中，在现有的条件下，同样可以把事情做到符合要求（如早起一会儿，就完全可以解决堵车问题）！

所以,别给自己找任何借口,只有让自己没有退路、没有选择,才会迫使自己去行动,内心深处的潜能才会最大限度地发挥出来。

聚焦于"时间盒子"

很多书籍和文章给我们的建议大多是给自己制定一个截止时间,来提升我们的行动力和紧张感。实际操作起来,情况往往是如果截止日期很近,我们很容易产生焦虑;如果截止日期很远,我们会继续拖延。

我的建议是,聚焦于"时间盒子",而不是截止日期或者你的目标日期。

所谓的"时间盒子",就是指把一天的时间分成若干份,也就是所谓的一个一个的"盒子",然后在这些"盒子"中放入相应的目标和任务。我们需要在这个给定的时间内尽全力去达成目标,并随时追踪其完成情况。如果截止时间快到了但预定的任务尚未完成,那么也不要犹豫，按照原定计划继续完成。初级阶段，我们可以将每个"盒子"设置为30分钟，这样一天就有48个"盒子"。睡眠时间7小时，占14个"盒子"。然后，其他事情按照重要性、紧急性原则逐个放入相应的"盒子"（参考"让你的时间更有价值"一节）。督促自己一个个去完成。

聚焦"时间盒子"法，简单来说，就是增强时间段的概念。这样做的好处就是，我们不再把注意力放在结果上，而是放在做任务的过程中，那么就可以减少因结果而产生的情绪的影响，也不受截止日期的影响。

推动你的精神去做事

有一名幽默大师曾说："每天最大的困难是离开温暖的被窝走到冰冷的房间。"他说得不错。当你躺在床上认为起床是件不愉快的事时，它就真的变成一件困难的事了。即使这么简单的起床动作——把被掀开，把脚伸到地上的自动反应，都可以击退你的决心。

所以，不要等到自己精神好的时候才去做事，而是应该推动自己的精神去做事。比如，你很想找一些小学同学联谊，这个念头一起，要立刻拿起手机开始联络；你很想学艺术摄影，那么立刻学习，或者拜师，或者自学，有了作品后，将作品寄出或发出去投石问路；你很想参加某些专业课程训练，那么立刻报名，并且积极调整课程安排；你想利用假期到名校参观，那么立刻打电话询问相关情况……

类似这些"念头→行动"的练习，就是一种"行动爆发力"的训练，也就是积累"自主力"的一些小过程，我们极需要在这样尝试和适应的经验中，把生活带动得更有朝气、更具活力。

努力遵守，并持之以恒。相信我，渐渐地，你的做事和学习模式都会发生变化。

放下手机,就成功了一半

其实,在导致青少年拖延行为的缘由上,还有一个绕不开的话题,那就是手机。关于手机依赖症与学生拖延症之间的关系,上海某大学的研究团队综合了2014—2022年相关的75项研究,并对其中涉及的48031名学生的性别、教育水平、文化背景等进行综合分析。结果发现,对手机依赖程度高的学生更容易造成拖延的坏习惯。

实际上,不用别人说,青少年自己也一定是深有体会的:放学回到家,第一件事往往就是拿起手机;开始学习了,手机也时时牵动着心——它不断地发出诱人的信息通知,社交媒体的精彩帖子等待着你的点赞,娱乐软件和手机游戏仿佛也在召唤你;哪怕已经到了睡觉时间,不看一会儿手机就好像缺点儿什么似的,睡也睡不踏实。

然而,当今社会,我们又不大可能完全放弃使用手机,它已经成为我们生活中不可或缺的一部分。对学生来说,可以用手机查阅资料,用手机软件答题。另外,有的学校老师将作业或通知发在微信群里,这客观上造成了青少年对手机的依赖。那么我们唯一能做的,就是尽量减少对手机的依赖,不要让它成为自己学习和生活中的障碍。

当然,这对于青少年本就薄弱的自控力来说,是一项极为艰难的挑战。希望下面这些方法可以帮到你。

加强自我改变意识

承认自己对手机过分依赖,承认拖延和成绩下滑。接受现实,才能有意识地去改变它。你可以给自己上一些强制性的手段。比如:

物理隔离。将手机放在远离自己的地方,如锁在抽屉里或放在衣柜里,以减少诱惑和分散注意力的可能性。

关闭通知。看见消息框或者朋友圈的小红点，尽管自己并不想玩手机，也总会忍不住或下意识去点开看一下。可以使用手机的勿扰模式，或将通知关闭，这样能够有效降低查看手机的频率。

限制使用。设定每天使用手机的时间限制，如每天1小时。如果你决心够强，还可以利用防沉迷软件，让家人帮你设定限制使用手机的时间和密码，这样连1秒钟都不会多看。

尝试进入"心流模式"

心流模式，其实就是我们之前提到过的"忘我状态"，快速进入这种状态，可以帮助你"忘记玩手机"。

那么，如何才能有意识地进入"心流模式"呢？一个有效的方式就是，当你感觉自己想玩手机时，就给自己设定一个专注的时间。例如，可以定个闹钟，用你的手机就可以，设定时间为40分钟，然后放在抽屉里或者其他你看不到的地方。在这40分钟里，你要集中注意力，专心做自己的事情，让自己沉浸在一个没有干扰的环境中。闹铃响了，你就可以休息，如果可能的话，离开学习的地方出去走走，吃点儿小点心或者和别人交流一会儿。如果你对自己的自控力有信心，之后再进入下一个40分钟的专注时段。

正确使用手机

别把手机当洪水猛兽，正确使用手机，它完全可以变成一个帮助你学习的工具。比如：

当作奖励。你想要玩手机，就先完成一个目标，如看完多少页书，写完多少道题或者做完某一件事情，这样想要玩手机的心情就会变成你做事的动力，玩手机也会变成一个"奖励"。

当工具书。用手机查单词、查资料、找文献，都是很方便的。只不过有时候我们查着查着就会忘了最初使用手机的目的，看起了无关紧要的信息。为了避免这一点，可以在使用手机之前，把目的先写下来，要找什么资料、要查什么单词、要找什么文案素材，累积 5 ~ 10 个目的后，再集中处理。

找云陪伴。当控制不住想使用手机时，可以开一个学习直播，或者进入类似的直播间——不露脸、不说话，只有笔摩擦纸张的声音，大家以云陪伴的方式，一起学习，一起进步，或许还能交到志同道合的朋友呢。

以上几种方法，你可以任选其一，也可以同时实施。只要养成这一习惯，你就会发现，自己正在逐渐摆脱对手机的依赖，意志力也会在此过程中一步步得到提升和增强。

反熵增，重塑秩序

清华大学的吴国盛教授说：如果物理学只能留一条定律，那我会留熵增定律。

你知道什么是熵增吗？

简单来说，熵增表示一个体系的混乱度增大，熵增过程就是一个由有序向无序发展的过程，在物理学上，一个孤立的体系的熵值是持续增加的。这个基本的定律就是熵增定律。

我们之所以会如此重视它，是因为一切生命都会受到"熵增"的影响。如果任由它在我们的生命中发展下去，就可以得到如下表述：人越活越复杂，越复杂就越难作决定，任由这种趋势发展，我们会被越来越多的信息淹没，而无法行动。

因为熵增的本质就是让所有事物都向着无序发展。比如，屋子不收拾会变乱、手机会越来越卡、热水会慢慢变凉……如果我们不能对其有效地干预，那么混乱迟早会出现在我们的身上，实际上也是必然。

那么,如何才能与这个"令人绝望"的定律对抗呢?

最好的方法其实就是反着来——既然熵增是做加法、无序化,那么反熵增就得做减法、自律化。

(1) 断舍离。

做减法,其实就是我们常说的"断、舍、离",它意味着你要舍弃一切可有可无的东西,只保留自己真正需要的、对自己有最大用处的东西。你需要舍弃的,其实不仅包括生活用品,还包括无效或消极的社交和你心灵的垃圾。

①对于东西:减少+有条理归置。

东西越多,人就越容易陷入"必须管理"的状态,就总会逼着自己去收拾。可是人一旦忙起来,怎么收拾都收拾不完,最后导致物品四处泛滥的状态。说到底,要认真地实施断舍离,就得扔掉不需要的东西,只留下筛选后的真正符合自己需要的东西,然后有条理地收拾、放置,物尽其用。

②对于他人:该拒绝的拒绝。

美国幽默作家比林说:"一生中的麻烦有一半是由太快说'是',太慢说'不'造成的。"确实,不懂得拒绝,就会常常使自己陷入"不得不"或者"被逼无奈"的窘境当中。更重要的是,还会打乱自己的计划和安排,使自己的学习与生活陷入混乱。

所以,请把这一理念植入你的大脑:该帮忙的时候一定要伸出援手,不该帮忙的时候也一定要勇敢拒绝。

另外,当你发现有些人际交往和互动已经渐渐沦为一种负累时,你也要坚决舍弃。

③对于自身:时常打扫心灵。

心灵，其实不是一块闲置的空地，你不种庄稼，它就会生长杂草。所以，我们要经常为自己的心灵打扫和除草，才会为正见、善念腾出更多、更大的空间，黯然的心会重新变得亮堂，杂乱的心也会变得清净。

如何做呢？一个最好的方法就是自省。它既不等同于自怨自艾，也不是求全责备，而是精神层面上的反省，是对灵魂的追问。内容也不一定全部是反面的，有时候正面的东西也需要加以总结巩固。正确的东西会使你变得更加聪慧，错误的东西会使你变得更加清醒。

当自省可以像吃饭、睡觉那样成为你自觉的行为后，你就能对自己时刻保持一种清醒的态度，并做到扬长避短，最大限度地激发自己的潜能，进而获得更大的成功。

(2) 变自律。

如果从熵增定律的具体体现来看，你会发现，一切符合熵增的，其实都是非常容易和舒适的。比如，你感觉今天学得有些累，想摸鱼，所以悄悄打开了手机上网；今天，你有点儿不想运动了，就变得慵懒起来，连吃饭都点外卖了……这其实就是熵增定律的具体体现。这时，你需要用自律与之抗衡。

自律，也叫自我约束力，就是在该做的时候，不管喜不喜欢，都去做你应该做的事情的一种态度和行为。它要求你在被迫行动前，有勇气自动去做你必须做的事情。也就是说，你要与自己的欲望作斗争。举个简单的例子，刷牙、洗脸是每天必须做的事情，但是有一天你回到家感觉筋疲力尽，如果你倒头就睡，是在放纵自己的懒惰；如果你克服身体上的疲惫，坚持进行洗漱，你就赢得了这场与懒惰的斗争。而这，就是自律！

当然，这个过程是很痛苦的。希望以下技巧可以帮到你。

①每次多坚持一点点。

当你学习一会儿又想玩游戏时,多坚持5分钟,而不是像往常那样马上投入游戏的怀抱。如果这次坚持5分钟能做到,那下次就努力坚持6分钟、7分钟、8分钟……每次要分心的时候就这样做。这样一来,就会不断增强自律意识。

②找到好的动机。

看看贝拉克·奥巴马式的人物——接连数月致力于总统竞选——你会发现做事要有好的动机。一旦你也找到类似的动机,就要细心呵护它。当前行的路变得艰难时,就想一想你在为何而战。这么做可以让你坚定决心,继续投入学习中。

③控制自己的情绪。

自律的人,即使在情绪激动时也可以按理智判断行事。比如,在竞技体育中,运动员会在比赛的间歇,利用自我暗示、呼吸、按摩、积极性放松练习等方法,进行自我情绪调整,以确保自己能够在紧张喧闹的赛场环境中专心比赛,展现最杰出的技能。关于这一点,我想你在前文中,已然掌握了一些技巧。但不管你采取哪种方式,只要你能做到保持情绪稳定,避免冲动,你就战胜了自己。

记住,这个世界上,没有什么可以真正把你变成什么样(熵增定律也不行),只有你自己能把自己变成什么样。

第六章

情绪状态决定学习状态

情绪,如同调色板上的颜色,直接影响着学习的色彩和深度。你需要随时关注自己的情绪变化,并及时调整情绪,以保持良好的学习状态。

输得起才能赢得了

大家经常在评论区看网友们讲述自己或身边人的"发癫"经历:

"现在比自己小时候还害怕考试,只要考不好就哭,有时候连饭也不吃。"

"我记得小时候比赛没画好,气得当场把整幅画都撕掉了。"

"有一次,我口红总是涂不好,一气之下涂了一脸。"

"有一次切水果,把指头切破了,气得捅了自己两刀,自己打120,住院花了8000多元。"

……

越看越心惊。这种心理,说得好听,可以叫好胜心强、完美主义;说得不好听,那不就是有病吗?凡事只想一帆风顺而无法接受挫折与失败,就是只能赢得起却输不起。

一般来说,输不起的人会有以下表现。

宣泄型:面对不如意和挫败时,往往会大发脾气或哭闹以示宣泄。

逃跑型:只要嗅到一点儿可能会失败的氛围,就会走为上策,逃避开,以避免可能到来的失败。

放弃型:刚开始和别人玩得很好,也信心满满,但一段时间后发现别人都已成功,自己却还没有找到门路,就会赶在最后结果公布前,宣布放弃:我不玩了,好无聊,烦死了,这游戏不好玩等,不想面对自己不如人的现实。

逃避型:在出现坏结果时,总是先怪别人,不分青红皂白炮轰别人一顿。这类人把太多力气花在保护自己上,像刺猬一样,面对困难时马上扬起自己的刺攻击敌人,以保护自己不受侵害。

胆小型:总是在别人进行大刀阔斧前进时,在旁边默默观察、偷偷尝试,但不让别人发现。想法是,一定要确保自己成功后,才敢光明正大地在人前表现。

你可以对号入座,看看自己在不在其中。

其实,无法坦然面对失败,难以经受挫折,在每个人的成长过程中都是难免的。无论什么事情,每个人都希望自己能做到更好,比别人强,获得周围人的认可,这可以说是人的本性,但是,它也是成功与失败最大的"分水岭"。如何看待失败,如何攻克失败这道难关,就是衡量一个人最终是否能从渺小走向伟大,从失意走向成功的重要标志。

严格来说,这世界上根本没有什么所谓的失败,因为只要心理上不屈服,你就没有真正失败。那种被普遍视为失败的事,就变成了暂时性的挫折而已。这就是为什么你会发现许多成就卓著的人,很少使用"失败"二字,他们更喜欢使用"过失""弄糟"或"不良结果"等词汇来表达自己遭遇到的挫折。

而那些"输不起"的人,实际上就是没有认识到,表面上的失败从长远看很可能是有益的这一点。在他们看来,要么失败,要么成功,既然失败了,那就不会成功。事实上,事情的结局并不能作"要么成功,要么失败"的简单划分,介于"失败"和"成功"之间的情况是无穷无尽的,在"我失败了三次"和"我是个失败者"之间有太多可能。两者有天壤之别。

所以,当事情办糟的时候,不要轻易地为自己贴上"失败者"的标签。因为你如何描述自己,你就很可能变成那个样子。反复地自称失败者……不仅意味着将成功无望，而且会限制自己潜能的挖掘。相反，如果你在失败时，仍能表现得像一个胜利者，信心十足，充满干劲儿，那情况会大不一样。

当然，从情绪上来说，失败确实不会让人高兴，但一旦你学会利用它，它就会为你作出积极的贡献——因为很多时候，失败都是以最真实、最客观、最深刻的方式，向人们"展示"成功应该走的方向，应该做的事情，应该采用的方法……就像做练习题时，老师通常鼓励我们"多犯错"，犯的错误越多，完善的机会也就越多，在考试的时候就会留心犯过的错，而不至于再犯。

可以说，有了失败，我们才有了更开阔的眼界、更长远的目光，失败就是引导人们取得成功的最好的导师。比如，你可以从一个组织得一团糟的聚会中，学会怎样组织一个成功的聚会；你也可以从一系列失败的方案中，理出比较可行、比较成功的方案……每遭受一次挫折，我们对生活的认识就会更全面一点儿；每失败一次，对成功的觉悟就会提高一阶；每不幸一次，对快乐的内涵的理解就会更深刻一层。总之，只要你动脑解剖失败，从失败中挖掘教益，那么无论做任何事情最终都会有所得。

找到你的"贝克尔境界"

许多青少年会整日将"累成狗"挂在嘴边，你是不是也经常会有"很累"的感觉？那么，你有没有想过究竟是什么让你如此劳累与疲惫呢？

我猜你的第一反应是，将其归因于繁重的课业。

但是，如果仅是身体的疲累就好办了（休息一下你就可以"再战"了），可惜，更多时候，你体会到的实际上是"心累"，这主要是由压力造成的。

我可以消除压力吗？

既然压力让我疲惫，那么我是不是可以想办法把它消灭呢？

不，你不能，也不应该。

我国知名的心理咨询专家曾奇峰先生说过：心理压力是魔鬼与天使的混合体。一方面，它就像是能带给人的心灵和躯体双重伤害的魔鬼；另一方面，压力能让我们保持较好的觉醒状态、智力活动处于较高的水平，可以更好地处理生活中的各种事件。例如，问及任何一个作家或艺术家关于灵感的产生过程时，他们常常会告诉你，自己最好的作品往往是经历了各种痛苦、挫折之后才创作出来的。压力往往先于或者伴随着创造性的突破而产生。

所以，即使压力会让你伴随着负面的情绪，如害怕、紧张、烦躁等，但只要你扛住了，那么它就能激发出强大的精神力量，使你显现出超凡的智慧和能力。

不要低估你自己

不要害怕自己会被压力压垮，因为生命的承受能力远超出你的想象。

美国艾摩斯特学院做过一个很有意思的实验：

实验人员用很多铁圈把一个小番瓜整个箍住，然后观察当番瓜逐渐长大时，能够承受铁圈多大的压力。最后整个番瓜承受了超过5000磅的压力，瓜皮才产生破裂。这比他们最初预估的500磅大了足足9倍。而且，当他们试图把这个番瓜剖开时，刀和斧子都失败了，最后是用电锯将其锯开的。因为它果肉的强度已经相当于一株成年大树的树干！

小小番瓜所能够承受的压力大到超乎想象，其实我们人类又何尝不是如此？

不信可以回头审视一下自己，你将会恍然大悟：日复一日，年复一年，我们一直在学习。但也正是这永无止境的学业挑战，难度攀升的课业压力，在不知不觉间成就了你今日的非凡能力、优秀成绩。所以，对于压力，你与其排斥、痛恨、逃避它，还不如承受它，顶着压力让自己不断前进、不断提高。

找到你的"贝克尔境界"

并不是说我们就要放任压力的"欺压"；反之，我们应该学着去控制它，让它乖乖听话。当你没有了激情，那就把压力调大；当你感到身心俱疲，那就把它调小。永远让自己处于一个不温不火的半兴奋状态，循序渐进地前进，才是正确的做法。

这种状态其实就是压力和动力之间的最佳平衡点，它在心理学上有一个专有名词——"贝克尔境界"。它得名于世界网坛名将鲍里斯·贝克尔。这位被称为"常胜将军"的德国职业网球运动员，曾是六个大满贯单打冠军得主，而其获胜的秘诀之一就是，在比赛中自始至终防止过度兴奋，保持一种轻松而又不放松的状态。

那么，这种"不能不紧张，又不能太紧张"的度，到底在哪儿呢？

这个问题，实际上是没有一个标准答案的。因为每个人所能承受压力的强度是不同的，所以这个感觉你只能自己去把握。或许我可以给出一些建议，你可以在此基础上作出一些思考，找到并不断调整那个最适合自己的点，下面就是我给你的建议：

①世界上没有非干完不可的事情；

②每个人都有力所不能及的时候；

③不要把目光放得太长远；

④遇事做好最坏的打算；

⑤尽最大努力，其他交给天意。

克服"目的性颤抖"

有这样一类人,他们平时学习很好,可是一到考试,就心跳加速、手心出汗、浑身发抖……难以发挥出自己的正常实力。

这其实就是我们常说的心理素质差、怯场、考前焦虑等,不过它在心理学上有一个专有名词,叫"目的性颤抖",即当对某一目标过度关注时,心里就会越紧张,越紧张就越容易出现失误。

心理学家还曾用一个实验加以验证这种现象:他们让被试者用小小的绣花针引线,并以不同的奖品激励。结果发现,奖项越大,被试者越努力,同时手也颤抖得越厉害,线越不容易引入。当没有奖项激励时,被试者却可以轻而易举地引线成功。

不过,虽然紧张情绪会让我们感觉不舒服,但适度的紧张也可以给我们一些心理压力,提高思维的张力,成为学习的动力。事实上,任何负面情绪,只要不过分,都可以变成一件好事。但是过度的话,就要不得了,不仅会导致学习和工作效率下降,甚至会使身心健康受损。

如果你恰恰属于容易过度紧张的人,可以尝试用以下这些方法来调整自己的心态。

(1)把"目的"扔得远一些。

你之所以会出现"目的性颤抖",往往是因为你太专注于这个"目的",以至于将它——本是引领我们前进的东西——变成了重压背负在身,自然每一步都走得战战兢兢。以考试为例,你之所以紧张,就是因为你太想考好,而这种"太想考好"的渴望,会让你的专注力从考试本身移开,过度集中于"要考好"的目标上。

当然,谁都想考好,但不能一直专注于此,把羁绊心灵的"目的"扔得远些,也许反而会更容易成功。比如,可以把整场考试分解成一个又一个小阶段或小目标,集中注意力于每一场、每一题。当你把注意力都集中在该如何作出每一题时,你就会忘记你的紧张,因为你所有的心思就在当下的这一题上,成绩也就有可能会提高。

(2)反复在脑海中做模拟训练。

容易过度紧张的人,往往是高敏感者。表现为进入陌生、高压环境时,会更快地达到过度刺激和过度兴奋的状态,这种状态常常被形容为"压力""紧张"或者"暴躁"。

对此,有一个简单而直接的办法,那就是"脱敏"。具体地说,就是让自己不断地进入让自己紧张和焦躁的场所,通过不断刺激心理,慢慢适应,以达到"脱敏"的效果。

单就考试而言,参加的次数非你可控,那么,最好的办法就是在脑海里模拟考试场景。在想象的过程中,如果出现紧张、手抖、出汗等不适时,可以做深呼吸训练(10～20次),它能帮助你平息不安的情绪。如此反复训练(每2天进行1次,每次数分钟),考试状态体验久了,就能让自己一定程度"脱敏",缓解紧张。

(3)从身到心释放紧张情绪。

如果给你的紧张情绪找到一个宣泄口的话,及时宣泄,必然会有所缓解。

你可以从身体入手。科学研究表明,紧张情绪会使体内产生大量热能,而原地走动、小跑、摇摆和踢腿等活动,可以释放消极情绪产生的热量,缓解消极情绪。这种方法有点儿像运动员赛前的热身活动,既能促进血液循环,又能宣泄紧张情绪。

如果不想动作幅度太大，可以用深呼吸法，找一个比较安静的地方，闭起眼睛，全身放松地深呼吸，同时默数"1,2,3"，吸气要深、满，吐气要慢、匀。或者仅闭目养神：闭目，舌抵上腭，经鼻吸气，安定神情。

也可以从精神入手。鲁迅先生的笔下有一个经典的形象——阿Q，人人都嘲笑他的麻木与他的独特精神胜利法。不过，从实用心理学角度来说，我们有时候确实需要一点儿阿Q精神，需要从阿Q精神里面学到一些东西。比如，告诉自己："我就是最优秀的，如果我都不行，那么别人肯定也不行""我准备得很充分，一定可以成功""紧张和担心都是无谓的，毫无意义"，或者回想经过自己努力而取得成功的事例等，都可以使自己放下包袱，减轻紧张感，增强自信。

致快要坚持不住的你

坚持对于成功的意义，简直听到让人耳朵起茧子。可是，明明知道这么重要，你为什么还总是做事半途而废、坚持不住呢？

那我们就来深入分析一下。

我们之所以坚持去做一件事，是深知做这件事能给我们带来好处，但是我们在判断一件事是否有利于自己时，却常常会受到情绪体验的干扰。感受到愉悦美好，就会认为这件事值得做，值得坚持；感受到痛苦不堪，就会认为这件事不值得做，不值得坚持。

而想想我们做过的事，你就会发现，无论做什么事，都要经历一个过程，而且越是重大的事，经历的过程就越长。从事情的开始，到事情的终了,然后又是一个开始,又是一个终了。在这一个个过程中,会有开始时的期望和喜悦,接着遭遇一些困难和挫折,经过一番攻关和坚持,最后取得了胜利。更多的时候可能是一再努力,却始终看不见胜利的曙光,最后不得不选择放弃。

也就是说,在坚持的过程中,久久不能见到明显的成果,这种痛苦的情绪体验,很容易击败脆弱的内心。其实这时候,你的大脑往往不再思考你所坚持的这件事是对还是错了,而是一遍遍暗示你:坚持的过程就是让人痛苦不堪的,只能忍受。当忍受不下去时,你会理所当然地选择放弃。

现在让我们再来想想那些你坚持做下来的事情。比如,每天上学、每天刷牙、每天阅读、每天跳绳或晨跑……这样一想,是不是坚持好像也没那么难。其实,这才是"坚持"真正的样子:根本不觉得自己是在坚持。

当然,很多时候,我们所需要坚持的事情往往并非出于自愿,而是迫不得已,但不管是出于自愿还是迫不得已,你只需明确一点:情绪是我们做一件事的动力源泉。

所以,做事时,我们需要充分调动情绪的力量,哪怕"困难"和"单调"不断地企图扼杀你,你如果能够保证脑子中有一团"小火苗"永远不熄灭,情绪上不败退,必有所得。

这团"小火苗"可以是一个人。例如,如果没有一个信心十足的妻子苏菲亚,我们也许就不会知道大文豪霍桑。当霍桑伤心地回家告诉妻子,他丢掉了海关的工作,他是一个失败者时,妻子苏菲亚却很高兴地说:"现在,你可以写你的书了!"由于她的相信和支持,美国文学史上一本伟大的小说《红字》诞生了。

这团"小火苗"也可以是一次微小的成功。例如,美国最有名的拳击运动教练哈利斯就曾坦言,说自己就是运用这种方法,将麦加芬成功训练成一名轻量级拳击运动的世界纪录保持者。他说:"慎重地选择和他比赛的对手是获得成功的关键。任何人在任何事上要取得成功都是这样的。我让麦加芬先和比较容易战胜的对手较量,这样一个个下去,每次挑选对手,都不会使他很难取胜,这样有利于他自信心的培养。不过,每次总会把对手的水平比前面一个提高一些,每一次取得的胜利比上一次都要难一点儿,这样,他在每次比赛中都能够有所收获。"

这团"小火苗"还可能只是你内心对未来生活的美好憧憬、是你为自己描绘的一幅美景……其实,它是什么并不重要,重要的是,它可以激发出你强大的动力,支撑你在任何时候都能坚定地走向未来。

沟通篇
——寻找倾听与理解之旅

第七章

打开心门,让阳光照进来

不要把青春当成孤独的旅程,快乐时有人与你分享,痛苦时有人与你分担,迷茫时有人给你指点,你才能在成长的道路上走得更加坚定与自信,发现更多的美好与温暖。

沟通，是健康关系的基础

"你想要啊？悟空，你要是想要的话你就说话嘛，你不说我怎么知道你想要呢？虽然你很有诚意地看着我，可是你还是要跟我说你想要的。你真的想要吗？那你就拿去吧！你不是真的想要吧？难道你真的想要吗？"

这是《大话西游》中的一段台词，虽然有点儿搞笑，不过，要是把它引用到现实生活中，这种让人心急得抓耳挠腮的情形也并不少见。

其实你自己应该也是深有体会的。想想小时候，你是不是总是叽叽喳喳地说个不停，而随着年龄的增长，却变得沉默寡言起来。即使对最亲近的父母，也很少吐露真情，也不愿与他人多接触。

在这种自我封闭的同时，你是不是又强烈地希望被人理解？

然而，理解的起点，总和坦率关联。你一边关闭自己的心门，一边抱怨别人对自己不理解、不信任、不支持、不关心，这不是很矛盾的事吗？

沟通，才是一切健康关系的基础。每一段关系的建立和维系，都需要通过深入地了解作为前提。而了解需要明确的态度，态度越明确就越了解。沟通，正是帮助我们明确这些态度的桥梁。通过有效沟通，准确顺畅地传达双方的心意、观点，从而更好地了解彼此，才能使问题得到解决、关系得到巩固。

而要想让自己真正敞开心扉，首先要知道自己为什么会关闭心门。心门紧闭，无非出于两个原因。

生理原因

一个共性是由生理变化引起的。青春期,可以说是人生中一个最特殊的时期,身体经历着快速的成长和变化,这种变化又带来了心理上的颠簸、震荡。原本平静的心田,开始有了以往从未有过的内部欲求,会感到困惑、不安或者迷茫,却又羞于向人尽吐衷肠,尤其是不愿对父母或年长者过多地表达自己,于是变得喜欢独处和沉默。

心理原因

还有一个原因则是心理变化。随着年龄的增长,智力的发展,自我意识逐渐增强。你开始更加关注自己的内心世界和情感体验。这种关注可能使你更愿意花时间思考自己的感受和想法,而不是与他人交流;而且,对外界的事物也有了自己独特的看法、理解和认识,希望摆脱家长、老师的控制,不再像孩提时代那样言听计从。同时,也可能更加在意他人对自己的看法和评价,因此会更加谨慎地选择自己的言辞和表达方式。

另外,巨大的学业压力、家庭关系紧张或亲子沟通不畅等也可能导致青少年封闭自己。

虽然我们说这种"自我封闭"是青春期的常见现象,但是,如果可以积极寻求建立与周围世界及他人的和谐联系,加强有效沟通,就可以安全迅速地把自己从情感孤岛上"解救"回来。

(1) 建立自信。

只有自信的人才能勇敢地表达自己,所以要积极地寻求他人的理解和支持。事实上,每个人的成长过程中都会遇到各种各样的烦恼和困惑,这不是青春期独有的,及时向父母、老师、朋友或专业人士寻求帮助,不仅不丢人,反而是明智和成熟的表现。

（2）主动出击。

主动而不是等待别人来找你沟通。当然，不要期望一蹴而就。你可以设定小目标，如每天与一个人进行简单的交流，或每周参加一次社交活动，逐步增加自己的社交经验和自信。遇到挫折，更是正常，调整策略，继续前进。

（3）开放心态。

保持开放的心态可以让你更容易与他人建立联系，尝试接纳不同的观点和经历，并从中学习到新的东西。

（4）优化沟通。

有效的沟通不仅是说话，还包括倾听。学习如何积极倾听他人，如何表达自己的观点和情感，以及如何回应他人的反馈，都是非常重要的沟通技巧，可以增进彼此的理解和信任。

记住，打开心门并进行沟通是一个渐进的过程，需要时间和耐心。通过持续的努力和实践，你会逐渐发现自己的变化，也能够与他人建立更深厚的关系。

沟通不畅到底是谁的错

有一句话曾特别流行："看别人不顺眼，是自己修养不够。"其实这句话放到哪儿、对谁来说，都有一定道理。

因为当有问题发生时，我们往往习惯性地将责任推卸给他人——不管这件事是谁的错，反正不能是自己的。"假如当初你这样做了，那么这件事就永远不会发生。""要不是你没收了我手机，我也就不会跟你对着干了。"沟通中出现问题时，你常常抱怨别人不理解你，是他们不好，他们不对，却很少反省：沟通得不顺畅或交往得不如意，到底是自己的原因还是别人的原因？

那我们现在就分析一下。

我们可以把"沟通顺畅"设为一个任务，并将其分解，这有助于我们更清晰地理解沟通过程中的各个环节。

主要分为两步：

一是信息的传递，即你把自己表达明白。

二是传递的效果，即别人能顺畅了解你的意思。

也就是说，只有当信息的发出者和接收者对所沟通信息的理解是一致、准确无误的时候，才能被称作一次顺畅而成功的沟通。

这样看来，沟通不畅、交际不顺，至少你有 50% 的问题。别人不理解你，除了别人的思维能力可能不够，还可能因为你表达得不够清楚，或者你干脆就没有表达。

尤其是在和父母沟通时，你常常将"爱我就应该懂我""不需要我开口，你也应该知道我在想什么，需要什么"作为衡量他们是否真正爱你的标准，并在生活中加以实践。

然而，即使是最亲密的存在，也很难知道你的内心世界吧？这个世界上不存在真正不需要开口说话就能理解对方的默契。你的心情和状况只有你自己最懂。与其让别人猜，不如建立良好通畅的沟通模式，明明白白地告诉他人你心里真正的想法，以及你真正想要、在乎的事情。

我们再来看第二步——别人能顺畅了解你的意思。有时你觉得自己明明已经说得很清楚，对方的理解却南辕北辙。这又是谁的错呢？

其实你还要从自己身上找一找原因。因为除了信息在传播过程中由客观因素而造成的扭曲，还有一种不必要的信息扭曲是你造成的。最典型的莫过于下面这个秀才买柴的故事了。

一个秀才去买柴，他对卖柴的人说："荷薪者（担柴的人）过来！"卖柴的人不懂"荷薪者"三个字是什么意思，但是听得懂"过来"两个字，于是把柴担到秀才面前。

秀才问他："其价如何？"卖柴的人听不太懂这句话，但是听得懂"价"这个字，于是就告诉秀才价钱。秀才接着说："外实而内虚，烟多而焰少，请损之。"（你的木材外表是干的，里头却是湿的，燃烧起来，会浓烟多而火焰小，请减些价钱吧。）

卖柴的人因为听不懂秀才的话，于是担着柴走了。

秀才没能买到柴，怪不得别人，是他自己的问题。很多时候，你觉得自己说得很清楚，但也仅是你觉得。年龄、种族、理解力等原因，都可能导致你无法正确传达自己的意思，轻则让人不能理解，重则可能造成误会。

要确保对方理解你要表达的意思，给你几个建议。

调整沟通风格

在构想自己的讲话内容以及讲话方式的同时，要照顾对方的实际情况，如文化水平、地域情况、身体状况等。你有责任以最有效的方式跟对方沟通，而不能要求他们作出调整。

"言行一致"

大部分的沟通，会采取语言加肢体的形式。要是你在发表人畜无害的评论时，却作出威胁性的肢体语言，对方可能会牢记未表述的非言语含义。因此，你必须确保"身体语言"符合自己想要传达的内容。

不要省略细节

提供具体信息，始终是避免误会的最好做法。所以，不能想当然地将一些细节省略掉。

敏锐地关注环境

在何种情况下表达信息，都要考虑可能会影响信息如何为人所听取。所以，视时间、地点的不同，你所表达的信息也要有所不同。

利用书面文字

尤其是困难的对话,如当你不得不给予某人负面的评价或传达坏消息的时候,写下来不失为一种好方法。

改变别人不如纠正自己

我们再退一步来说,即使是别人的问题,我们也不要试图去改变他们。改变别人态度最有效的方法是纠正自己的态度。

有一个联合国的亲善大使,在访问非洲的某个国家后,感到失望地认为那里的人是全世界最差劲的东道主:海关人员一直板着脸、计程车司机态度恶劣、餐厅侍者傲慢无礼、市民不耐烦且有敌意……

后来,他无意中看到一段话:"世界是一面镜子,每个人都在其中看到自己的影像。"将信将疑的大使决定下次再去那个国家时,全程挂着笑容试试。结果,他竟真的看不到任何不高兴的海关人员、计程车司机、侍者……人人都是脸挂笑容,亲切友善。

所以,别再抱怨别人,如果你跟谁都处不好关系,那么问题十有八九出在了你身上。你喜欢别人,别人也会喜欢你;你不喜欢别人,别人也不会喜欢你。

事实上,这也并非毫无根据地猜测,而是建立在科学实验基础上的。心理学家设计了一个实验:他们让两组参加者给同一位女士打电话。跟第一组的人说:对方是一个冷酷、呆板、枯燥、乏味的女人。跟第二组的人说:对方是一个热情、活泼、开朗、有趣的人。结果发现,第一组人员很难与那位女士顺利地交谈下去,而第二组人员则与那位女士交谈得非常投机,通话时间也明显比第一组的要长。

这是因为，当你事先对他人抱有一种看法时——不管是消极的还是积极的——那么，这种看法势必会无意识地流露出来，并或多或少地表现在你的语言和非语言的信息上。而人人都有保持心理平衡的需要。你怎么看待别人，别人就会怎么看待你。否则，对方就会感到不平衡。因此，当对方在觉察到你发出的信息后，就会作出相应的反应。对此，有人曾作出这样的总结："你对别人的态度和别人对你的态度事实上是一样的，我们往往能够从别人的脸上读到自己的表情。"

当然，我们不排除人性的多样性，俗话说，"人上一百，形形色色"。但无论遇到什么类型的人，始终控制好自己的情绪总没有错。做自己想要做的那个人，而不是在与"恶龙"缠斗的过程中，让自己逐渐变成"恶龙"。

对于容易冲动、急躁、爱发脾气的青少年来说，掌握下面这个小技巧，或许可以在难以相处的人面前始终保持冷静和理智了。

一个刚毕业的大学生，进入一间有5个人的办公室实习。办公室里有一个和谁都相处不来的老大姐，经常恃自己年纪大、资历老，对年轻的同事大声呵斥，甚至出言不逊。其他人都很怕她，但却发现这个新来的实习生能泰然处之，甚至每天都能与她笑脸相对。他们纷纷向这个实习生请教秘诀，实习生道出了自己的应对技巧：

"我想象在自己和她之间有一道无形却无法穿越的铜墙铁壁，把她那些负面的言论和行为想象成射在铜墙铁壁上的箭。这样，她就无法伤害到我，对我的影响也就微乎其微了。"

面对容易让你情绪失控的人时，你也可以想象出这样一道墙，这样，当你感到愤怒或受伤时，让这道墙帮你吸收这些感受，而你在墙后，就能保持冷静了。

释迦牟尼说:"以爱对恨,恨自然消失。"但也并不意味着,你要对横行的恶人无原则地迁就和退让,只是如果你可以用爱唤起人性中的善意,是不是也可以让这个世界少一些恶人恶行呢?

当然,如果可以选择的话,你也可以选择摆脱他们。如果有人总是恶心你,伤害你,又无意悔改,那就尽可能摆脱他们。但不一定非要采取太激进的行为以达到这样的结果。根据情况,根据其人,让他们逐渐淡出你的生活就好。

总之,要想解决你与他人之间的沟通问题,只要你愿意承认"生命中发生的一切事,我负有百分之百的责任"就行了。

你非"自我暴露"不可

如果你希望建立良好的人际关系,那一定非"自我暴露"不可。

因为亲密关系就是在逐渐自我暴露的过程中建立起来的。这是美国社会心理学家西迪尼·朱亚德通过一系列实践得出的结论。

什么是自我暴露?

所谓"自我暴露",就是把自己私人方面展示给他人,或者把有关自我的内层信息传给对方,让别人最大限度地了解自己。

这其实不难理解。想一想,最知心的朋友不正是知道我们秘密最多的人吗?如果你只是可以与人谈论国际时事、体育新闻,或是他人八卦,但只要将话题引入对你来说略带私密性的问题时,就插科打诨,或是一言以蔽之,是很难与人亲密相处的。比如,今天爸爸出差归来带你吃了一顿大餐,当你高高兴兴走进教室,同学笑着问你:"今天和谁一起共进午餐了呀?"你却模糊地回答:"和别人。"

这样的回答其实等于没回答。潜台词就是"我不愿意回答"或是"我不想回答"。你觉得对方还有想跟你继续聊下去的欲望吗?

始终让自己处于明处,对方处于暗处,相信任何人都不会感到舒服。你把自己包裹得太严实,让人看不到你的内心、你的个性、你的兴趣甚至某一个小小的意见,他人怎么会对你产生亲切感和信赖感?

要改善好人际关系,首先要让人接纳你。而要让人接纳你,首先需要让人了解你。当你向他人表白内心深处的感受,会使人感受到你的信任和渴望沟通情感的愿望,这会拉近他与你的心理距离。而且,随着信任程度和接纳程度的提高,交往的双方会越来越多地"暴露"自己。可以说,一定程度上,自我暴露的广度和深度就是人际关系深度的一个敏感的"探测器"。

不过,我们提倡的是"自我暴露",而不是"胡暴乱露"。

(1) 不要突然暴露。

自我暴露,其实是讲究一个过程的,尤其是涉及个人隐私时,如果过早地涉及太多,反而会引起对方强烈的排斥和焦虑情绪——"我是否也要把自己的隐私拿出来跟他交换呢?"

有个词叫"交浅言深",其实就是在提醒人们,当两个人交情还不够深时,就别说太多,问太深。事实上,我们自己也都很讨厌这一类人。比如,有时一回家,周围一些多事的人,动不动就会问你考多少分,在班级里排第几名。他们以为这样是跟人家很熟络,反而会让他们变成大家都讨厌的一类人。

所以说,你要开放自己,也不要太急躁,要自然而然,自然到使双方都不致感到惊讶的程度。

(2) 不要什么都暴露。

自我暴露,不是要你对谁都完全敞开心扉;同时,自我暴露程度，也是根据交情的深浅而分层进行的。第一层是兴趣爱好方面，如饮食习惯、兴趣爱好、日常娱乐活动等；第二层是态度，如对人和事物的看法和评价等；第三层是自我认知，或与他人的关系状况，如自己的自卑情绪、你和家人的关系等；第四层才是隐私方面，是你在众人面前"难以启齿"的想法，如个人的感情经历、个人不为社会接受的一些言行等。

层次越深，说明你与对方在某种关系上卷入的程度也越深，与对方的关系通常也越紧密。

这样分层暴露自己，其实是对自己负责任的一种行为。假如你在不了解对方人品的前提下，就掏心掏肺，实在是一种不理智的行为。因此，即便与对方一见如故、十分欣赏对方，也不要太急于把自己完全"暴露"给对方。一般来说，理想的自我暴露是对少数亲密朋友做较多的自我暴露，而对一般朋友和其他人做中等程度的暴露。

（3）不要过度暴露。

所有美好的关系，都需要界限感。也就是说，自我暴露并不是越多越好，如果过度地暴露自己，同样会产生较大的负面作用。比如，有人总是喋喋不休地在你面前说一些他的隐私，而毫不关注你是否感兴趣，这样的人，当然不会受到你的喜欢，甚至会让你感到反感，你会因为他太"以自我为中心"而对他敬而远之。

同时，还要记住，不能因为自己敞开了心扉，就要求对方也敞开心扉，更不应该随意地侵犯对方不愿意暴露的隐私。否则，会让对方产生强烈的反感，导致对你的接纳性下降。

第八章

优化沟通方式,提升人际关系

沟通是平常事,却不是容易事,一不小心便会造成误解,甚至引发冲突,影响了人际关系的和谐。优化沟通方式,才能实现有效沟通和情感的深入交流。

最坏的脾气别给最亲的人

沟通态度 > 沟通内容

我知道,其实很多时候,你不是不想沟通,而是不会沟通。沟通不畅导致频繁吵架,尤其是跟自己最亲近的人(如你的父母、你最好的朋友),一开口,你就不受控制一样地向他们发脾气,多是"沟通开局,吵架收尾"。

其实,在亲近的人面前,我们的确更容易摘下"面具",向对方展现出自己最真实的一面。因为你知道他们(特别是父母)对自己的爱护是无条件的,就算发脾气,也往往会得到谅解,所以,沟通也更容易变成争吵。

但是,你要知道,你的这种行为是不正确的,当你向对方释放负面情绪的同时,对方也会将负面情绪释放给你。这样,你把压力释放出来的同时,又接收了更多不利于自己的负面情绪,得不偿失。

难道就没有一种更好的方式沟通和相处吗?

有的。

(1)多听少说。

人与人之间的交流危机,大都源于不能耐心地听取对方的倾诉。这就造成了虽然双方在对话,但谁也没听进去对方在说什么。长期的争吵、指责和抱怨,会导致双方的心中产生"抗体",一方会自动屏蔽对方的声音和话语。

如果你希望改善你们的沟通方式,那就把说话的机会让给对方。毕竟真相终将大白,耐心倾听对方的理由,更容易达到有效沟通的目的。先让对方倾诉自己的想法,释放自己的情绪,这样会让对方更快地冷静下来,之后,双方才可能更加客观地分析问题、解决问题。

即使你有理,也没必要高声论证。作家梁实秋在《骂人的艺术》一文中写道:"骂人最忌浮躁。一语不合,面红筋跳,暴躁如雷,此灌夫骂座,泼妇骂街之术,不足以骂人。善骂者必须态度镇静,行若无事。普通一般骂人,谁的声音高便算谁占理,谁来得势猛便算谁骂赢,唯真善骂人者,乃能避其而击其懈。你等他骂得疲倦的时候,你只消轻轻地回敬他一句,让他再狂吼一阵。在他暴躁不堪的时候,你不妨对他冷笑几声,包管你不费力气,把他气得死去活来,骂得他针针见血。"

当然,这不是教你如何骂人,而是希望你可以从这段表述中得到启发,学会揣测人的心理,管理好自己的情绪。

(2)多做换位思考。

很多时候,多做换位思考,问题就容易解决了。只有站在对方的角度去考虑,才能更容易地理解对方,从而妥善解决问题。

举个小例子你就明白了。甲在地上写了一个6,站在对面的乙硬说这是9,两人吵得不亦乐乎。丙来了,看出端倪,劝他们相互站到对面的角度再看看,甲和乙才恍然大悟。

正所谓"公说公有理,婆说婆有理"。要想沟通顺畅,必须学会换位思考。没有换位思考,没有对彼此的理解和尊重,冲突和矛盾是少不了的,也不能很好地解决问题。

当然想要做到真正的换位思考并不容易,许多人的换位思考都浮于表面。他们或是站在自己的位置上去"猜想"别人的想法及感受，或是站在"一般人"的立场上，去想别人"应该"有什么想法和感受，抑或是想当然地假设一种别人所谓的感受。这样的换位思考，其实仍局限于自己设定的小圈子里，无法体验他人真正的感受和思想。

实际上，真正的换位思考，可以说是一个"移情"的过程，即你要从内心深处站到他人的立场上去，要像感受自己一样去感受他人。用通俗的话说，就是设身处地，从对方的立场来看事情，去"理解"别人的想法、感受，以别人的心境来思考问题。它不仅需要你转换思维模式，还需要你有一些好奇心来探索他人的内心世界。

很多时候，你沟通时的态度真的比你说了什么更重要！

会听比会说更重要

许多人将沟通等同于会说话，但一项调查研究却得出了这样的结论：沟通中的行为比例占比最大的是倾听，也就是说，我们花费在倾听上的时间，要超出其他的沟通行为。

这是因为在沟通的过程中，任何时候都不可能只有一方信息的传达，即使在以传达为主的一方，也会因为接受方的不同表现而调整自己的传达方式。静心地倾听，贴心地安慰，真心地理解，通常比巧舌如簧更能贴近别人的心，使得双方的沟通更加顺畅。

然而，这恰恰是许多青少年所欠缺的能力。他们常常是未等到别人把话说完就开口讲话。也许你是想通过"短、平、快"的方式来解决问题，并展示自己的口才，但结果却是在不知不觉间破坏了自己的人际关系。

用心倾听

倾听并非只用耳朵就可以，你还要用眼睛、脸孔甚至整个身心去倾听对方讲话。

有的人在听别人讲话时东张西望、心猿意马，或者显出很不耐烦的样子，恨不得对方马上结束那些无聊的言语。这样无疑会伤害对方自尊心，对方会很快终止谈话，更可能会对你产生怨恨的想法，因为他认为你是一个不值得他说真话的人，是一个不尊重他人的人。这不仅不能达到你们此次沟通的目的，还为你们以后的沟通留下了障碍。这种消极的倾听方式是不可取的，要学会积极地倾听。

实际上，如果你真正热心地听对方说话，你就会在他说话时看着对方，你会稍微向前倾着身子，表情也会有所期待。

倾听不只包含听到对方说什么，还能观察到对方非口语行为所蕴含的意义，注意到其手势、表情、神态、声调、身体动作。当一个人心口不一时，往往可从其非语言信息中看到真正的含义。然后，对于所听到、观察到的，给予适当而简短的反应，一个点头、一个微笑都可以，这不仅表示你在听，而且表示你在很用心地听，这是对说话人的理解和尊重。这样的示意，能让对方感受到你的肯定和鼓励。

不要正面反驳

你要将意见或者建议反馈给对方，这也是你用心倾听对方说话的最好证明。不过，在进行反馈时，有一个原则必须遵守，那就是不要正面反驳别人的意见。因为当你反驳时，双方必然站在了对立面，因此留给对方的印象往往是不愉快的。引用富兰克林的一句名言："如果你辩论、争强、反驳，你或许会获得胜利。不过，这种胜利是十分空洞的，因为你永远得不到对方的好感。"

其实，一个人成熟的标志之一，就是懂得尊重。不管是思维、爱好，还是生活方式，要能用理解和包容的眼光去看待和对待。比如，你爱吃香菜,不代表别人也喜欢吃,所以,你可以吃香菜,但是你不能要求别人也一定要吃香菜。

当然,这道理说起来你肯定懂,做就未必做到了。因为"以己度人"正是人这一辈子最容易犯的错误之一。

心理学家罗斯做过这样一个实验:他选定 80 名大学生参加实验,向他们征求意见,问他们是否愿意背着一块大牌子在校园里走动。结果 48 名大学生欣然同意愿意背牌子在校园内走动,并且认为大部分学生会乐意背,而拒绝要求的学生则普遍认为,只有少数学生愿意背。通过这个实验可见,这些学生将自己的态度投射到了其他学生身上。

究其原因,是因为人的主观意识在作祟。所以我们有必要时常有意识地换位思考,从而消除这种心理带来的不良影响。实际上,当我们站在对方的立场考虑问题时,我们就会发现对方思维的合理点,从而理解其令我们不能接受的做法的产生根源,我们也就没有了反驳之心。

做一个懂幽默会幽默的人

即使有了沟通的基础,但如果双方使用的语言过于正统,过于严肃,也很容易一不小心就把天聊"死"了。

法国演讲家雷曼麦有句至理名言:"用幽默的方式说出严肃的真理,比直截了当地提出更容易让人接受。"这一点,在你的学校里应该已经得到了充分的证明。比起那些板起面孔一脸严肃的老师,你是不是更喜欢幽默风趣的老师呢?

说话幽默的人,走到哪里都会受人欢迎,让人愿意主动与之接近。只不过,更多的人往往对具有幽默感的人赞誉有加,而自己缺乏这种能力。

当然，幽默感的培养确实不是一件容易的事。可以试试下面的方法。

先让自己快乐起来

要做一个幽默的人，首先要让自己快乐起来。宾夕法尼亚大学的马丁·赛利格曼和他的同事研究发现，能培养快乐的一个有效的办法就是，每天晚上要想三件当天发生的高兴事，并分析其发生的原因。这会使人们更注意发生的好事，同时会忘记发生的不愉快。

经赛利格曼小组证明的另一个让自己快乐的有效方法，是让人们看到自身的实力所在。具体方法是，在一份调查问卷中找出自己最突出的五个能力。在其后一周的每一天里，运用自己突出能力中的一项或多项去处理问题。这些能力包括幽默感、积极性、美感、好奇心和求知欲等。这种训练的出发点是利用一个人最重要的能力去做可以带来自我满足的事情。

你也可以将自己喜欢的幽默故事剪辑起来，或准备一本练习簿，随时将日常生活中的幽默逸事记录下来。总之，多收集快乐，就会有助于养成快乐的习惯。

幽默的本质是智慧

幽默，不只是表层上的语言，它本质上是一种智慧。那么，要培养幽默感，你必须广泛涉猎，充实自我。如果一个人对古今中外、天南地北的历史典故、风土人情等都有所了解和掌握，再加上有较强的驾驭语言的能力，说话就会生动、活泼和谐趣。这就是古今中外著名的幽默大师，往往又都是语言大师的原因。

当然，知识的积累还不足以让你直达幽默，散发出智慧的光芒，还需要你具备灵活的思维、平和的心态和豁达的胸襟。心情沉重的人，肯定幽默不起来；心中总是充满狐疑的人，话里肯定不会荡漾着暖融融的春意；整天都是牵肠挂肚的人，话里肯定也有化不开的忧郁……所以，想要在人前展现自己的幽默，就要在背后多修炼自己的内心。能融入生活，乐此不疲，也能跳到生活之外，站在高处，放眼人生，以智者的眼光看待一切，幽默才会产生。

以不刺伤人为底线

许多人常常把自己的油腔滑调、嘲笑或讽刺，当成幽默，这实在是对幽默的最大误解。例如，有的人嘲笑他人的生理缺陷，如口吃、跛脚等毛病，这是很不道德的；又如，有的人对男女之间的话题津津乐道、绘声绘色、哗众取宠，博得哈哈一笑。这样非但不是幽默，反而显露了自己的庸俗和浅薄。

做一个有幽默感的人，一定要注意不应把自己的快乐建立在别人的痛苦之上。如果你借着开玩笑对别人冷嘲热讽，发泄内心厌恶、不满的情绪，那么你就是个不道德的人，也不会与人建立起和谐的关系。也许有些人不如你口齿伶俐，表面上你占到上风，但不管是当事人还是旁人，都会认为你不尊重他人，从而不愿与你交往。

其实，一定程度上，幽默更应该用于自身。自黑者人不黑之，自嘲者人不嘲之。当然，这仍然需要豁达、乐观、超脱、调侃的心态和胸怀。只有这样，胖子才可以在摔倒了之后说出"如果不是这一身肉托着，还不把骨头摔折了？"的自嘲之语，而瘦子则可以说出"要不是重量轻，这一摔就成肉饼了！"的自黑之话。

建立真正的友谊

友谊的本质是交换

友谊,与爱情一样,也是一个双向选择、双向奔赴的过程。你希望别人怎样对你,你也要怎样对别人。

从这个角度来说,友谊其实就是一种交换。但这种交换并不是物质或利益的互换,而是更深层次的情感、支持和理解的交流。

要付出真心

一旦开始交际,就要对朋友付出真心,这是友谊的根基。

美国心理学家安德森做过这样一个实验,也充分证明了这一点。他制定了一张表,列出550个描写人品性的形容词,让大学生们指出他们所喜欢的品质。实验结果表明,大学生们评价最高的性格品质不是别的,正是"真诚"。在8个评价最高的形容词中,竟有6个(真诚、诚实、忠实、真实、信得过和可靠)与真诚有关,而评价最低的品质是说谎、装假和不实在。

就算你的初衷是为了提高个人生活品质,也应当摒弃从对方身上谋利的念头。交友不是要心机,贵在真诚。对方完全可以猜出你的心思。情感纽带下结成的关系,往往比暂时的利益关系更加牢固。而那些和任何人交往都不付出真心的人,自然无法得到这种珍贵的感情关系。只有诚心诚意、全心全意地对待朋友,才能换来对方的真情实感。

要有利他思维

彼此互求互助，是友谊长存的秘密。然而，自私自利、习惯性地索取，却是不少青少年的通病，他们大多是在父母的精心呵护下长大的，对周围人的关怀和帮助会理所当然地接受，却很少会发自真心地去考虑别人的感受和利益。所以，对任何事情，也都习惯站在自己的角度去看，盲目地坚持自己的意见和态度。

试想一下，谁会和这样的人一直做朋友呢？其实，这也正是他们无法获得长久而真正的友谊的重要原因之一。

先利己后利他，是人性的一个通病，无可厚非。但是成长就是要与人性弱点作斗争。实际上，当我们把利他放在第一位，把利己放在第二位时，你会发现以利他思维为基础的这套体系，内耗非常小，反而更容易利己。就像一位哈佛教授常对他的学生说的一样："要想得到我们想要的东西，我们必须给予别人想要的东西，只有这样，我们才能互惠共生，达到双赢。"

一位大学教授还做过这样一个实验：他给随机抽样挑选出来的一群素不相识的人送去了圣诞卡片。虽然他估计会有一些回音，但随后所发生的事情还是大大出乎他的意料——那些素未谋面的人寄来的节日贺卡，像雪片似的向他飞来。大部分给他回赠卡片的人，根本就没有想到过打听一下这个陌生的教授是谁，而是收到卡片，就自动回了一张。这个实验规模虽小，却巧妙地证明了利他即利己的道理。

"爱出者爱返，福往者福来。"你对别人怎样，别人就会对你怎样。只知索取不知偿还的人毕竟还是少数，多数人信奉"投桃报李""来而不往非礼也"，自觉不自觉地保持着付出与索取的平衡。

需要特别注意的是，既然你抱着利他之心，就不要再抱着求回报的心。因为当你期望得到回报时，往往会因为对方没有达到我们的预期而感到失望或愤怒，这反而会伤害到彼此的感情。只为利他，你才能真正体验到帮助他人的喜悦和价值，而这又何尝不是一种回报呢？

谦逊、感激和道歉

正如在安全的地方，人的思想总容易松弛一样，我们在与人交往时，友情的存在，也往往会让我们忘了，朋友关系的存续是以相互尊重为前提的。

所谓友情，不是让你可以口无遮拦、不讲客套，如果这样，默契和平衡将被打破，友好关系将不复存在。所以，哪怕面对再熟悉、再亲密的人，你也不能毫无顾忌，不能随便"放飞自我"。

丢掉优越感

朋友之间，各自的条件不一定是对等的。有些人才学、相貌、家庭条件等的确出众，但如果因此与在这些方面不如自己的朋友在一起时，便总是在言谈之中流露出一种优越感，就会使朋友感到你在居高临下地说话，在有意炫耀抬高自己，自尊心将会受到挫伤，自然就会产生对你敬而远之的念头。

其实，人应当越优秀，越谦逊，只有那些浅薄的、自以为有所成就的人才会骄傲。有一位学者有过这样一番妙论："你有什么可以值得炫耀的吗？你知道是什么原因使你没有成为白痴的吗？其实不是什么了不起的东西，只不过是你甲状腺中的碘而已，价值并不高，才5分钱。如果别人割开你颈部的甲状腺，取出一点点的碘，你就变成一个白痴了。在药房中5分钱就可以买到这些碘，这就是使你没有住在疯人院的东西——价值5分钱的东西，有什么好谈的呢？"

越是谦逊的人，别人越是喜欢找出他的优点；越是把自己看得了不起，孤傲自大的人，别人越会瞧不起他，越是要找出他的缺点。这就是谦逊的效能。把自己放在与人平等的地位，注意时时想到对方的存在，会让你赢得更多的知己。

"谢谢"挂嘴边

维持良好的人际关系，表达心意最美好的语言，其实不是什么华丽辞藻，而是最普通、最简洁不过的两个字——"谢谢"。因为谢谢不仅是一个词语，它代表的其实是说话者一颗感恩的心。

也许朋友在帮助你时，总是声称自己不图回报。但是在他们的内心，一定是希望自己的付出得到一定的回应。这种回应不一定是物质上的同等回应，精神上的奖励让他们同样会有一种满足感，让他们觉得，他们给你提供的这个方便是值得的、有价值的。诚恳地说声"谢谢"，一定会带给对方最大的满足和感动。而且，你的感激之情表达得越充分、越及时，他们就越会觉得自己的付出是有意义的，日后对方还会乐意帮助你。否则，他们会认为自己"费力不讨好""白帮忙"了，下次当你有困难的时候，所有的人都可能离你远去。

当然，如果朋友答应帮你，尽力了但却没有帮上忙，你也要表示感谢，否则就会让人认为你是个势利的人，也会渐渐远离你。

道歉不丢人

"人非圣贤，孰能无过。"人在一生中，总会犯下各种各样的错误。在与朋友相处的过程中，我们难免也会有说错话、做错事的时候。这些错误，不仅会让自己尴尬难堪，有时也会让朋友受到伤害。

当意识到自己犯了错，最有效的方法就是道歉。事实上，做错事就承认、说错话就道歉，是一条适用于所有场合的社交原则。道歉并不丢脸,反而能赢得尊敬。如果明知自己说的话、做的事伤害了别人,还要找借口为自己辩解逃避责任,才最丢人。

最常见的道歉方式,是说一声"对不起",但一句"对不起"并不等于完全道歉,因为如果不是发自内心,对方感受不到道歉的诚意,那么问题依然没有得到解决。

真正的道歉,是不仅承认自己的错误,承认自己的言语和行动给双方关系或事情进展带来了伤害,更要勇敢诚恳地为自己犯下的错误承担相应的责任。这样的态度和行为会让你得到对方的谅解,甚至还会增进双方的感情,因为经历过挫折的感情更能经得住考验。

其实，检讨自己，改正错误，本身就是一种美德和值得尊敬的事。你完全没有必要躲躲闪闪，羞羞答答。当然，你也不必夸大其词，一味地往自己脸上抹黑，那样，别人不仅不会接受你的道歉，甚至觉得你虚伪。

如何提高自己的情商

在一个群体中，会有人人际关系很好，与人相处如鱼得水；也会有人人际关系不良，朋友很少或根本没有朋友。这种差异的产生和人的情商最为相关。

其实说到"情商"，这个词对你来说应该也不陌生吧，报刊、书籍、网络、电视等我们所能接触到的媒体上都有人在谈论，但遗憾的是，它始终没能使更多人受益。

因为大多数人，尤其是少年儿童，更多的是在渊博的学识、丰富的阅历、超群的智慧和良好的教育等方面下功夫。这种自我提升方式，当然不是坏事，但撇开超乎常人的天才们不说，在正常人每日所处的"社会活动"中——如为人处世、修养举止、说话办事、待人接物、情绪控制、抗压等——其实都是情商在发挥着作用。

所以，在让自己的大脑更聪明的同时，也必须同步提升情商。

如何判断我的情商，是高还是低？

情商的高低不像智力水平那样，暂时还无法用测验分数较准确地表示出来。如果你想知道自己的情商高低，可以通过以下五个方面的能力来衡量：

一是认识自身情绪的能力。高情商者往往能有效地觉察出自己的情绪状态，理解情绪所传达的意义，找出某种情绪和心境产生的原因，并对自我情绪作出必要恰当的调节。

二是妥善管理情绪的能力。高情商者都善于控制自己的情绪，能抑制感情的冲动，克制急切的欲望，及时化解和排除不良情绪，使自己始终保持良好的心境。

三是自我激励的能力。低情商的人向来是消极的、悲观的，而高情商的人都有积极乐观的心态。

四是认知他人情绪的能力。具有高情商的人，往往能从细微的信息察觉他人的需求，进而根据他人的需求行事，就能得到他人的认可和欢迎。也就是我们常说的"察言观色""有眼力见儿"。

五是人际关系的管理能力。一个人的社交能力，也是一个人情商高低的直接体现。高情商者，善于人际沟通与合作，人际关系融洽，在复杂的人际环境中能游刃有余地处理好与他人的关系。

情商是可以后天培养的

也许有人会说："没有办法，我天生情商低。"如果你有此想法，就大错特错了。在美国等发达国家的教育体系里，情商教育已经"登堂入室"，成为几乎所有学校的必修课程。虽然到现在，我们仍无法确定多大比例的情商是与生俱来的，但可以确定的是，比起智商来，情商更多是由后天培养的。

你要改变自己的思想

一切外在行为的改变，都源于内在思想的改变。高情商者往往会随着时间、社会、环境等外界的变化而改变思想。每当一个使你感到沮丧或者消极的念头潜入你的思维时，应该马上提醒自己，将想法转移到使你感觉良好，或者充满能量的事情上去。只有这样，你才能作出正确的选择，获得正确的行动指引和动力。

培养好习惯，克服坏习惯

人按习惯做事，而习惯有好坏之分，好的习惯助人成功，坏的习惯使人受挫。所以，要想提高你的情商，就十分有必要培养好习惯，克服坏习惯。根据行为科学的研究表明，如果每次你都能按某种方式行事的话，那么就会出现这样的情形：你如今的行事方式将慢慢占据你的脑海。重复次数越多，你过去的行事方式就越来越模糊，而新行事方式将越来越占据主导地位。久而久之，当你改变了自己的习惯，你就改变了自己的行为，也就改变了自己的情商，改变了自己的命运。

做好知识的准备和积累

培根曾经在《论读书》中写道："读史使人明智，读诗使人聪慧，演算使人精密，哲理使人深刻，伦理使人有修养，逻辑修辞使人善辩。"歌德也说："人不只是靠他生来就拥有的一切，而是靠他从学习中所得到的一切来造就自己。"显然，知识的增长，对于智商和情商的提高都是有很大意义的。当然，知识的准备和积累，不仅是指对书本知识的学习和积累，而应该是对广义知识的累积。具体来说，就是心态的准备、目标的准备和行动的准备，这些不仅可以改变你的内涵，还会提高你的情商。

你是不是在雷区蹦迪

情商的提升，其实是一个持续的过程，需要你付出不断的努力和持久的坚持。如果你迫切地需要改善你的人际关系，不妨看看下面这些低情商者常踩的雷区，看自己有没有在上面"蹦过迪"，有则改之，无则加勉。

（1）打断别人。

当一个人正兴致勃勃地高谈阔论时，若被突然打断，就像被泼了冷水一样，一定会不高兴。偶尔一两次也许无所谓，但若连续被不识相的人将谈话"腰折",一定会被气炸。

比如,你正和同桌分享你周末的一次户外探险活动。你刚刚讲到你如何翻山越岭、穿越森林,你后桌突然插话:"唉,你等等,我突然想起来我那次去草原的事。"你只能放下话题,听后桌讲她的草原之行。终于等她说完了,你接着给同桌讲你在旅途中遇到的一些有趣的小动物,正讲到兴头上,后桌又突然笑起来,因为她又想起了自己最近看到的一个搞笑视频:"你们看过那个小猫跳舞的视频吗?笑死我了!哈哈……"试问你一下,什么感受?是不是已经失去了分享的欲望,更是对她讨厌至极?

所以,不要随便打断别人说话,即使你觉得自己有理由。比如,对方的观点中存在某种偏见和错误,那也应该等对方说完。每个人都有表达自己观点和意见的权利和需要,你可以不认同他的观点,但不能丢了自己的修养和礼貌。

(2)总是谈"我"。

有这样一则笑话:有个不知名的年轻剧作家,跟他的女朋友谈论自己的一个剧本。谈了2小时后,说:"我已经谈得够多了,现在你来谈谈吧。你认为我的剧作怎么样?"结果女朋友忍无可忍,拂袖而去。

先别忙着笑话别人,想想你自己,是不是也是这样一个说话总喜欢说"我"的"不上道"的人。小时候,你常会说"我的""我要"等,这是自我意识强烈的表现,在小孩子的世界里自然无关紧要,但作为青少年,若你仍然如此,就会给人自我意识太强的坏印象,人际关系也会因此受到影响。

其实,同你喜欢关注自我一样,别人也喜欢关注自己。尤其是当一个人处于失意、沮丧或困境中时,他们往往需要更多的关心、理解和支持，而不是听你谈论自己的得意事或其他什么事。

(3) 揭人之短。

民间传说，在龙的喉下直径一尺的地方有一处的鳞是倒长的，人们将其称为逆鳞。无论是谁触摸到这一部位，都会被激怒的龙吃掉。人也是如此，无论一个人如何随和，都有不能别人言及和冒犯的地方。

这也就告诉我们，不要揭人之短，不要触及别人的逆鳞。"揭短"，有时是故意的，那是互相敌视的双方用来攻击对方的武器。"揭短"，有时又是无意的，那是因为某种原因一不小心犯了对方的忌讳。但是总体来说，有意也好，无心也罢，一旦触到了对方的隐私和短处，就相当于踏进了"雷区"。因为没有人愿意提及自己不光彩的一面。如果是当众揭人之短，就更不可取了，这又涉及了"面子"问题，轻则影响双方的感情，重则导致友谊破裂。

所以说，说话之前一定要慎重考虑。因为你已经过了童言无忌的年龄，不要觉得自己和朋友的关系不错，就经常开玩笑："你走路像个鸭子一样，一跛一跛的！""你的下嘴皮都快贴到下巴了！哈哈！"你以为朋友不会在意，实际上未必。知道在什么时候、该以怎样合适的方式说话办事，你才算有资格步入成年人的世界。

(4) 背后说人。

背后议论人，不仅是一种不好的行为习惯，也是与人相处中的最大忌讳。有人说过这样的话，"背后飞短流长，搬弄是非的人本身就是是非人"。这话虽然说得有些片面，但是仔细一想并不是没有一点儿道理，因为有一点是任何人都不容否认的——他在你面前议论别人，也会在别人面前议论你。这样的人，是任何人都不愿意与之交往的。

除了要做到自己不制造流言蜚语，也要做到不做流言的传声筒。每个人都有好奇心，但这种好奇心也可能会在无意中成为制造矛盾的根源。真正聪明的人是不会加入到谈论他人隐私的行列，凡事也不会上前凑热闹。

学校好比一个小社会，这个小社会和大社会一样，里面人与人之间的关系是复杂而微妙的，如果你经常口无遮拦，那么也许在某一天就会为自己的"饶舌"付出代价了。

总之，在人际关系中，你可以将情商简单理解为一种与人融洽相处的能力。这种能力可以让别人和自己都感觉舒服，而不是只图自己痛快，不管别人"死活"。你只要记住这一点，就大概率不会出错了。

愿你的善良带点儿锋芒

做有边界感的人

所有动物都有领地意识，大到狮子、老虎，小到老鼠、昆虫都有这种意识和行为。比如，狗在自己居处四周撒尿，就是在宣告自己的领地，警告别的狗别越界闯进，若哪只狗闯了进来，它便汪汪大叫着上前将其赶走。

其实我们人类也拥有这种意识，只是和动物的表现方式不同而已。与人交往时，你是不是也有这样的体会：必须与他人保持一定的空间距离才会感到舒服。如果别人侵入了你的空间，你就会感到不自在，对对方产生一定的排斥。这其实就是人类"领地意识"最直观的表现。

这种意识，其实就是这里所说的边界感、分寸感。边界感的本质，是对所有权的认知。简单来说，就是你要知道，什么是你的，什么是他的。如果要跨越边界，就需要先征求对方的同意。有些人常常张口闭口说什么"朋友间何分彼此"，对朋友之物，不经许可便擅自拿用，不加爱惜，有时迟还或不还。一次两次碍于情面，朋友也许不好意思指责你，但久而久之会使对方认为你过于放肆，对你产生防范心理。

除了物理上的边界，心理层面的边界感则更让人在意。不过，大家往往分得清楚物品的所有权，但像时间、隐私、权利等无形东西的所有权，很多人却分不清楚。

举个例子，假如你是在学校寄宿，生活中一定少不了打水、买饭这类事儿，让别人一次两次地帮忙没什么，但如果你经常性地让别人帮你做，这就是一种越界行为。因为打水、买饭这些事是你自己的事，而不是别人的事。

反过来，假如你是被要求做这些事情的人，如果因为不好意思，或者怕得罪人、怕被疏远，即使很讨厌这样的行为，也没有明确拒绝的话，那就是在允许别人对你越界。那么，在以后的日子里，你怕是更加难以获得安全感和被尊重了。

一段健康的关系，就是不让别人侵犯自己边界的同时，也不去做干扰别人边界的事情。这是一个人应有的基本修养。

勇敢反抗

俄罗斯作家邦达列夫说："人类一切痛苦的根源，都源于缺乏边界感。"很多让人不舒服的举动，通常是因为对方越了界。如果在一段关系中,你感受到了强烈的不安全感、不舒服、不自由时,一定要严肃认真,并准确地告诉对方:你越界了!这么做,既守护了自己的边界,也能让对方明白他自己的边界所在。

不要随意说教

此前网上有一句话很流行,"你在教我做事?"足以说明大家对爱说教、爱评价他人的人有多么反感。例如,同桌买了一件新东西,没问你的意见你就主动评价其审美(尤其是带有批评性或建议性的内容),这就会让人认为你没有边界感。这种越界行为,其实就是把自己的主观意识强加给别人。《论语·颜渊》中有句话是"己所不欲,勿施于人"。不为难自己,也不勉强他人,如此才是最好的状态。

不要热情过头

再亲密的关系,都应该保持距离和分寸。凡事过了"度"就失去了准则,好事也有可能变成坏事,原本很美的东西也就有可能不美了。比如,《欢乐颂2》中有一个片段:出来倒垃圾的樊胜美,碰到了心事重重的安迪。樊胜美看出安迪心情不好,想关心又怕触及痛处,于是就轻轻地问了一句:"你需要我吗?"就是这样一句很简单的问话,体现了设立在合理界限根基上的友情——有诚意,也留有余地,让朋友在感触、感受到关心和温暖的同时,又不会有任何多余的心理负担。

你该有的模样:量力而行

何谓量力而行?简单地说,就是依照自己的能力大小去做事。量力而行是一种处世智慧,力有不逮,就不强求自己去完成。从这个角度上说,在与人交往时,如果发现自己没有能力完成某事时,该求助就求助，该拒绝就拒绝，不勉强自己。

该求助就求助

青少年一直以来接受的教育都是要坚强，自己的事情自己做。当青少年已经不善于柔弱时，请求帮助似乎就变成了一件特别令人为难的事。往往简单一句"我能求你件事吗"，却要在脑子里绕无数个弯，最后羞羞答答的依旧难以说出口。

其实，人们之所以会选择一味地"死扛"，一个重要的原因，是担心自己的求助会被拒绝。但很大可能性是你多虑了。因为从心理学上来说，每一个人都渴望得到别人的尊敬与重视，当自己能够在某种程度上帮助他人时，那么在心底会产生一种想法：我对别人有用，我可以造福于别人。这种想法会给一个人带来愉悦和幸福感，特别是当他人所恳求的东西又恰恰是自己最拿手的东西时，这种助人为乐的幸福感尤其强烈。

还有人则是虚荣心作祟，认为开口向他人求助，是一件"掉价"的事情，这种想法就更加不对了。我们每个人都有力所不能及的事情，这是非常正常且普遍的。无论是生活技能、专业知识，还是情感问题，我们都可能遇到自己无法独立解决的困难。在这些时候，开口向他人求助，不但不"掉价"，反而是一种明智和勇敢的选择。因为向别人求助，通常传递出的是谦逊、诚实、合作精神和解决问题的决心。这样的选择往往能够得到他人的理解和支持，他们乐于帮助你更好地解决问题。

所以，如果有的事情是你力所不能及的，那么就去求助你的朋友吧。既解决了问题，又赢得了友谊，何乐而不为呢？

该拒绝就拒绝

仔细回想一下，你在学习和生活中遭遇到的种种挫折与不如意，有多少是因为碍于情面，过于草率地答应了他人的要求，事后却发现自己力有不逮而造成的呢？

应该不少吧。的确，很多人，包括成年人，在如何拒绝他人这件事上，都是很纠结的。往往是出于爱面子和怕得罪人的心理，在别人提出一些要求或者请求帮助的时候，即使自己很忙，或者力有不逮，也往往要勉为其难，那个"不"字就是说不出口。正因如此，常常使自己陷入"不得不"或者"被逼无奈"的窘境当中，更重要的是，还会打乱自己的计划和安排，使自己的学习与生活陷入被动。长此以往，别说享受给予和付出的快乐了，连正常的人际交往与互动都会沦为一种负累。

实际上，任何人都很难——其实也没必要——做到有求必应。如果你是那种对别人的请求总是说好的"老好人"，那就更有必要学会拒绝了。

以下方法你不妨借鉴一下：

（1）直接拒绝。直接向对方说明你的客观理由，包括自己的能力不允许、条件限制等。通常这些状况是对方也能认同的，他们便较能理解你的苦衷，觉得你的拒绝不无道理，便自觉放弃了请求。

（2）巧妙转移。不好正面拒绝时，可以采取迂回的战术，转移话题也好，另觅理由也罢，利用语气的转折——温和而坚持，予以拒绝。比如，先向对方表示同情，或给予赞美，然后再提出理由，加以拒绝。由于先前对方在心理上已经因为你的同情使两人的距离拉近，所以对于你的拒绝，也较能以"感同身受"的态度来接受。

（3）身体语言拒绝。有时开口拒绝对方很难，往往在心中演练了很多次该怎么说，一旦面对对方又下不了决心，总是无法启齿。这个时候，你可以轻轻地摇摇头。摇头代表否定，别人一看你摇头，就会明白你的意思，之后你就不用再多说了。类似的身体语言还包括采取身体倾斜的姿势、目光游移不定、心不在焉等。

灵活应对霸凌

被人欺负，是一件极其痛苦的事情，不仅会导致受害者在身体上受到伤害，更可能带来深远的心理和情感伤害。那么，当你发现自己成为霸凌的目标时，你会怎么做？

首先,明确一点:我们不推崇"以暴制暴"。实际上,如果你能够打回去,也不至于会被欺负了。而且,你真的能够打赢还好(让施暴者知道害怕,他们自然会停止这样的行为),但是如果打输了,可能就会再次受伤,留下心理阴影。可见,暴力解决问题的方法,始终是不可取的。

但是,要求一个孩子在挨打的时候不做任何反抗,这样无疑更是愚蠢的行为——一味忍让只会换来欺凌者变本加厉的嚣张。

那么,到底应该如何做,才能在这些痛苦的经历中站出来,保护自己,甚至改变局面呢?

(1)远离。

如果你身边有看起来像校园"小霸王"一样的存在,尽可能远离这类人,不与他们产生任何联系,不给他们霸凌你的机会。

比如,在学校里,尽量不要一个人出现在僻静的地方,楼梯间、厕所、操场角落等处,去少人出入的地方时,要和同学相伴而行,不给霸凌者可乘之机;在所穿着的衣装及使用的物品上,如果是昂贵名牌,不要到处炫耀,因为这种招摇的举动,往往会成为校园霸凌者攻击的目标;培养良好的社交和沟通能力,因为欺凌者往往选择那些不合群、软弱的人作为霸凌的目标。放学直接回家,不在路上逗留;尽量不单独回家,可能的话,找几个同学结伴同行;选择人流多的路线回家,避开偏僻小路;不带钱,不在路边小摊、小店买东西;万一放学回家晚,提前通知家长,请家长来接一下等。

(2)脱离。

如果依然没有躲开,直面霸凌者了,要尽量避免任何正面冲突,平静而迅速地脱离欺凌情境是最好的方法。

一定要尽量避免任何正面冲突,可以找各种理由进行推托,假装害怕或配合他们，以缓和当时的紧急情况，如我今天带的钱少，明天再给你带；我爸（妈）单位就在附近，我去向他（她）要钱等。然后，尽量选择包围圈边上的出口迅速逃脱。

而一旦冲出包围圈，就要尽快地离开，并及早告诉父母或老师，必要时也可以报警，以求得成人的帮助。这一点非常重要。如果不便于直接告诉成人，可以写一张纸条来向他们表达自己的感受。成人往往能够教给受欺凌者防御欺凌的办法、给受欺凌者提供感情上的支持和帮助，有分寸地采取具体措施，加强对欺凌的监督管理和干预，并以此有效地预防欺凌的再次发生。

(3) 预演。

在心中设计出各种"被霸凌"的情境，如果遇到有人劫钱，该怎么办？

第一种方式：乖乖地把钱交出来。结果：可以躲过暂时的威胁，但是有可能一而再，再而三地遭到勒索。

第二种方式：先把钱交出来，然后伺机报复。这样做表面看来很有勇气，但实际有可能会导致自己作出违纪违法的事情，这种自卫方式对自己伤害更大。

第三种方式：先把钱交出来，然后记住对方的长相、去向，然后立即报警。这样不仅可以保护自身的生命和财产安全，还可以帮助公安机关破案，使霸凌者受到应有的制裁。

第四种方式：不给钱，硬拼。这样做可能威胁到生命健康。

通过以上的情境设置和自我分析，会使自卫意识深入自己的内心，并掌握必要的自卫方法。这样，在真正面对这种情况时，就能及时作出相对好的选择，一定程度上将伤害降到最低。

（4）自愈。

被欺负之后，受害者心灵受到的伤害，很多时候比之身体还要严重。受害者可能会长时间被恐惧、无助、愤怒、羞耻等负面情绪包围，甚至可能导致自卑、抑郁、焦虑等严重心理问题。

要想走出心理阴影，必须明确一点：无论遭受何种形式的欺负，受害者都不应该感到羞耻或自责。欺负行为是施暴者的错误，而不是受害者的错。停止自我批评，给思想和言语做一次大扫除，去掉如"笨蛋""白痴""没头脑""愚蠢"这类令人感觉不舒心的字眼儿，始终保持积极的自我交谈，才可能走出困境并重新找回自信和力量。否则，即使他人给你提供再多的帮助，也收效甚微。

当然，我们更呼吁家庭、学校和社会为预防校园霸凌作出更多的努力，让所有的青少年都能被温柔以待。

学会自己保护自己

古希腊有这样一个神话传说：在海上有一个海妖，它是半人半鸟的样子。当有船经过它所住岛屿的时候，它就用美妙的歌声去诱惑船员。缺乏判断力的船员会被它的歌声吸引，就会让航船接近海妖，结果，一只只航船都因被它诱导而撞到暗礁上沉没。但有一个叫奥德修斯的人，他能辨别出海妖的恶毒，在航船靠近海妖时，他事先用蜡封住海员们的耳朵，然后把自己绑在桅杆上，就这样顺利地避开了海妖歌声的诱惑，顺利地完成了海上航行。

对青少年来说，由于缺乏足够的社会经验，对事物的认知和分辨能力也相对有限，很容易会被"海妖"们诱惑而误入歧途，并因此受到伤害。现在，你也许还有你的"奥德修斯"（父母或老师）帮你规避掉大多数的危险和邪恶，但你终将要独自面对这个复杂的世界。那时，你又该怎么办呢？哭着找妈妈吗？

学会自己保护自己，掌握分辨善恶的能力，才是最好的办法。只不过，这是一个需要不断学习和实践的过程，别急，慢慢学。

（1）不断深化对善恶的认知。

可以阅读一些哲学、伦理学等相关书籍，了解不同文化背景下的善恶观念，思考其背后的逻辑和依据，这有助于你形成自己的道德判断标准；同时，多多关注社会上的善恶行为，思考其背后的原因和影响，或者针对此类问题，与他人展开讨论，倾听不同观点，并尝试从多个角度分析问题。通过观察、思考和讨论，可以更加深入地理解善恶的本质。

其实，不夸张地说，你的学习热情也许还真的没有骗子高。骗术不断"更新迭代"，与骗子的"自我进化"是分不开的。一次，东莞警方在破获一起"杀猪盘"诈骗案，收集证物时，发现屋内竟有一摞整整齐齐与床齐高的书籍！骗子都在看书，你有什么借口不学习？

（2）增强批判性思维。

这就要求你在面对任何信息或建议时，都不要盲目接受，始终保持怀疑态度。一个最好的方法就是学会提出关键问题。例如，"这个信息的来源可靠吗？""这个行为是否伤害了他人？""这个建议真的符合我的利益吗？"等等。

对任何看似完美或过于简单的解决方案，必须保持警惕，因为很多骗局往往是利用人们追求便捷的心理施行的；还有那些带有明显偏见或利益驱动的信息，一定要检查其来源是否可靠，是否有独立的第三方验证，避免只依赖单一来源的信息；对于信息的逻辑结构，也要检查其是否存在逻辑上的跳跃或矛盾。注意识别那些故意混淆视听、误导他人的逻辑陷阱，避免为表面的言辞所迷惑。

（3）培养正念与正行。

价值观是个体对于事物和行为的基本判断标准和原则，它决定我们看待世界的方式，并引导我们的行为和决策。

树立正确的价值观能够使我们坚守道德底线，对诱惑和欺诈行为保持警惕。当我们明确知道哪些行为是正确的、正直的、诚实的，哪些行为是错误的、欺诈的、不道德的，我们就能够更容易地识别出那些试图利用我们的弱点或贪念进行诈骗的人。

比如，你走在路上，有一个漂亮姐姐走到你身边，悄悄说有人跟踪她，要你假装她朋友或者帮她。这时你心中的警铃就应该响起——小心被带到巷子里。你可以换位思考，一个正常的行为不应该是寻找更有力量的人或人群吗？她完全可以报警，或者进入开业的商场、店铺等，而不是向你一个未成年人寻求保护。所以，果断拒绝没有错。

另外，在涉及重大决策或面临不确定情况时，一定要寻求专业人士或可信赖的朋友的意见和建议，这有助于你更全面地了解问题并作出明智的决策。

第九章

情感自洽：从焦虑到平静

当你实现了内心的和谐与平静，达到情感自洽的境界时，就能更加自如地与他人交往，享受更加美好的人生。

圈子不同，不必强融

人不是一座孤岛，每个人都需要朋友。但是，大概是虚荣心或荣誉心的驱使，青少年中普遍存在一种交友心切的心理，认为交友越多，本事越大，人缘越好，因此往往不加选择地考察，泛认知己。

从正面角度来看，这意味着你的社交圈子比较广泛，有更多的朋友和伙伴，你的视野会拓宽，在生活中也更容易得到帮助和支持。但是，泛认知己所带来的一些负面后果却也是不容忽视的。

交什么朋友，做什么人

泛认知己，一个最直接的结果就是，它会增加你遇到不良伙伴或受到欺骗的风险。而朋友对一个人的影响，可以说是超乎你想象的大。朋友总是会影响你看什么样的书，去哪里旅游，买什么牌子的衣服，参加什么样的团体或活动，是去打篮球还是去打架，有什么样的理想，作什么样的职业规划，等等。

尤其是青少年时期，正是价值观、世界观和人生观逐渐形成的时期。朋友会直接且深刻地影响你，影响你树立正确的价值观、培养积极向上的生活态度，也可以使你堕落，甚至走上违法犯罪的道路。可以说，你选择了什么样的朋友，也就选择了做什么样的人，过什么样的生活。

不要觉得夸大其词，你可以自己做一个有趣的观察。比如，你先有意识地在说话时常使用某个新的词汇或短语，不久，你一定会发现你周围的同学、朋友也都开始使用这个词汇或短语了。当然，这只是表面上能观察出来的影响。"近朱者赤，近墨者黑"这句古老的俗语会流传至今，自是有其深刻的道理和广泛共鸣的。

找不到归属感和认同感

当你试图强行融入一个与自己差异很大的圈子时，往往会感到不自在和压抑。为了迎合他人的期望，你可能还会牺牲自己的真实感受和需求，这会让你时常感到焦虑、沮丧或失落，因为在这个圈子中你找不到归属感和认同感。这样做不仅对自己不公平，也难以获得真正的友谊和认同。

法国作家福楼拜的《包法利夫人》不知道你有没有读过，你其实可以把它看作艾玛的"挤圈失败史"。穷裁缝女儿出身的艾玛，瞧不起当农村医生的丈夫，她渴望进入巴黎贵族的圈子。为了挤进贵族圈，她去参加伯爵的宴会，一翻折腾狼狈归来。不甘心的她，又选择搭讪乡绅，包养巴黎大学生，不肯放过任何向更好圈子进军的机会，结果却是一次次被抛弃。积债如山，走投无路的艾玛最后选择了服毒自尽。

"物以类聚，人以群分"，从来不是一句玩笑话。你想走进优秀的圈子，心思没有错，但前提是你应该不断提升自己，自然融入和扩大圈子，而不是靠硬挤。因为真正的圈子，会因为你的美好接受你，而不是因为你的刻意才将你纳入。

而且，归属感和认同感的获得，从来不是看圈子的大小，也不在圈子的多少。这样的人——无论经历多少风雨，始终能给彼此带来深深的安慰和力量的人——即使只有一个，也已经足够了。

如何找到真正的朋友？

在交友的过程中，你要学会辨别和珍惜那些真正值得交往的朋友，而不是让真心错付。当然，这是一个需要耐心、真诚和明智选择的过程。需要你从多个角度去观察、了解和判断，来找到那些真正值得交往的朋友。

首先,观察他们的行为和态度。真正的朋友会在你需要时伸出援手,关心你的感受,尊重你的选择。他们会展现出真诚、善良和包容的品质,而不是只关注自己的利益。

其次,注意他们的言行是否一致。一个值得信赖的朋友会在言行上保持一致,不会轻易背叛承诺或说谎。他们的行为应该与他们的言辞相符,让你感到安心和信任。

再次,了解他们的价值观和人生观。朋友之间的价值观差异可能会导致矛盾和冲突。因此,了解他们的价值观和人生观是否与你相符,可以帮助你判断是否能够长久地维持这段友谊。

复次,观察他们对待他人的方式。一个优秀的人会善待他人,尊重他人的差异,并愿意倾听和理解别人的观点。他们不会轻易嘲笑或贬低别人,而是会展现出友善和包容的态度。

最后,通过共同经历来检验友谊。在经历困难或挑战时,一个真正的朋友会与你并肩作战,共同面对问题。他们会在你需要时给予支持和鼓励,而不是离你而去。这些共同经历可以帮助你更深入地了解朋友的品质。

从现在起,"净化"你的朋友圈吧,不同的人用不同的方式对待,或亲密,或疏远,全靠你自己把握。

把独处当成一种享受

我们需要朋友,但是暂时没有朋友也没关系。这并不意味着你就失去了生活的意义或价值,也不意味着你会永远没有朋友。随着时间的推移和生活的变化,你一定会遇到新的朋友,建立新的关系。

只不过,在此期间,你需要掌握另外一项技能——独处。

事实上,独处也是一项非常必要的能力,因为它的关键在于,无论你是否有朋友,你都能找到属于自己的快乐和满足感。

理解独处的价值

你要调整好心态,理解独处的价值。独处并不意味着孤独或被孤立,后者是一种心理状态,源于内心的空虚和缺乏交流,而前者只是一种物理状态,即身边没有他人陪伴。在独处时,我们依然可以通过阅读、写作、绘画、听音乐或者思考等方式来丰富自己的内心世界。所以,你不但不必因独处而感到害怕,反而应该学会享受它。通过独处,你可以更好地了解自己的内心世界,培养内在的力量和自信,这是自我提升的好机会。

充实独处的时光

独处时,你可能会遇到一些困难和挑战,如无聊、寂寞等。这是因为你还没有真正学会享受它。其实独处时可以做的事情有很多,关键在于你如何选择和安排。

(1)阅读。

阅读是独处时最经典的选择之一。无论是文学作品、哲学著作,还是科普书籍,都可以成为你的精神食粮。在书海中遨游,你可以跟随作者的笔触跨越时空,体验不同的生活与文化,拓宽视野,增长见识。

(2)写作。

除了阅读,还可以尝试写作。无论是写日记、散文还是小说,都是表达内心情感、记录生活点滴的好方式。而且只有在独处时,你才可以静下心来,梳理思绪,将所思所感转化为文字。这不仅可以帮助我们更好地了解自己,还能提升我们的表达能力与创造力。

(3)艺术创作。

绘画、手工艺品制作等艺术创作活动也是独处时的不错选择。通过手中的画笔或工具,你可以将自己的想象与创意具象化,创作出独一无二的作品。这些作品不仅是你独处时光的见证,还可以成为你与他人分享的喜悦。

(4)运动。

运动也是独处时一个不错的选择。无论是瑜伽、太极等舒缓身心的运动,还是跑步、游泳等有氧运动,都可以帮助你释放压力,保持健康。尤其是在独处时,你可以更加专注于自己的身体,感受运动带来的愉悦与放松。

(5)学习。

如果你能利用独处时光进行自我提升与学习,就再好不过了。除了学习课本知识,还可以选择学习一门新的语言、掌握一项新的技能,或者深入研究某个领域的知识。这些活动不仅可以让你在独处时有所收获,还能为未来的生活与工作打下坚实基础。

(6)思考。

在独处时,还可以有意识地培养自我认知、独立思考和解决问题的能力。比如,回顾自己过去的经历、行为和情感,思考自己的成长和进步。通过反思,你可以更好地认识自己,发现自己的优点和不足,进而制订更好的成长计划。

总之,只要你用心去发现、去尝试,就能找到那些能够让自己充实、愉悦和成长的事情。

当然,即使你已经开始享受独处了,也别忘了继续保持与外界的联系。毕竟,没有一个人可以强大到不需要任何朋友。

在批评中成长

人在成长的过程中,一方面需要对自我进行认可,另一方面需要得到外部世界的认可。这些对于青春期的你来讲,没有一个是可以轻易获得和完成的。

你无法避免批评

在向外界寻求认同感时,你会发现,每个人都是批评家——你会受到来自父母、老师、同学等不同程度的批评、嘲笑、轻蔑、质疑和误解,包括恶意的、不真实的指责。特别是当你追求你的梦想并希望得到帮助的时候,这些话尤其显得刺耳。

"就凭你也想当舞蹈家?别再瞎耽误工夫了,你练也是白练。"

"哎呀,你真的是笨得没治了,还考什么大学!"

"你长得太矮了,不适合打篮球。"

这些"批评家"总是试图打消你的积极性。

这时,你该怎么办?

毫无怨恨地忍耐到底!

先给你讲个故事吧。

有一个小和尚非常苦恼沮丧,禅师问他何故,他回答:"东街的大伯称我为大师;西巷的大婶骂我是秃驴;张家的阿哥赞我清心寡欲,四大皆空;李家的小姐却指责我色胆包天,凡心未了。究竟我算什么呢?"

禅师笑而不语,指指身边的一块石头,又拿起面前的一盆花。小和尚恍然大悟。

其实，禅师的一系列看似无意义的动作，恰恰道破了生命的本义——石块就是石块，花朵就是花朵，自己就是自己，根本不必因为他人的说三道四而烦恼，他人说就由他去说。

你是不是也曾经像这个小和尚一样，在做一些事情的时候，很容易为他人的言语、眼神、手势等所左右？因为在意他人对自己的看法，在意自己在他人眼中的样子，很容易就被搅扰了心情，消灭了勇气。

林肯在一次接受采访时说："我早年对别人的批评很敏感，急于要使我见到的每个人都认为我非常完美。要是他们不这样的话，就会使我忧虑，我就会想办法取悦他们。可是我越是要讨好别人越不会受到欢迎。所以最后我对自己说：'只要你超群出众，你就一定会受到批评，所以还是趁早养成能听取批评的习惯为好。'从那以后，我就决定只尽我自己的最大努力去做，对善意的批评，微笑着接受，而对恶意的批评和攻击则一笑了之。"

谁人背后不论人，嘴长在别人身上，你若想要他人在你背后闭嘴不谈论你，除非你是隐形人，或者你和大家都没有利害关系和冲突。事实上这是不可能实现的。无论你付出了多大的努力，即便你做得近乎完美，就像你在奥运会上拿了金牌，就像你已经是世界级的明星了，也会有人不喜欢你，向你发出嘘声，甚至扔臭鸡蛋。因为每个人都有自己的喜好、自己的想法和观点，没有任何力量能强求他们保持统一的思想。

而且，最重要的一点是，他们并不了解你。他人的看法只是反映了他们自身相对于事情的局限性，而不是你的局限性。不信你可以看看历史和现实中那些优秀的人，他们无一例外地都曾被人嘲笑、讥笑、质疑或误解过：著名演员佛雷·亚当斯第一次试镜时，导演在备忘录上写着："不会表演，有点儿秃头，只会跳一点儿舞"；美国职业足球教练文斯·伦巴迪当年曾被批评："对足球只懂皮毛，缺乏斗志"；贝多芬的老师说贝多芬绝不是当作曲家的料；歌剧演员卡罗素，他的父母希望他当工程师，而他的老师则说他那副嗓子是不能唱歌的；牛顿上小学时，曾被老师和同学称为"呆子"；作家托尔斯泰的老师认为他："既没读书的头脑，又缺乏学习的兴趣"……但他们无一例外，都坚守住了自己，并取得了举世瞩目的成绩。

我们根据自己认为能做到的事，来判断自己的能力；别人则根据我们已做的事，判断我们的能力。所以，我们不应该由别人、社会来规划我们的生活（他们往往会错估我们的生活），我们要自己规划自己的生活，自己去寻找发挥自己才能的机会，去寻找激发自己潜能的场所。

《致加西亚的信》中有一句话我很喜欢，现在我把它送给你，"任何人，做任何事，肯定都会受人批评、诋毁、误解。这是追求卓越所付出的代价，每一个伟人都明白这一点，也明白卓越是无可证明的。卓越的最终证明是，能够毫无怨恨地忍耐到底"。而且，如果你能够保持足够的自信和信仰，利用这种嘲笑和批评来改进自己，这又何尝不是一件很合算的事情呢？

停止抱怨，学会感恩

既然每个人都是批评家，也一定少不了你自己。想一想，你是不是经常在学校里和同学抱怨爸爸妈妈、抱怨老师；回到家里又会跟爸爸妈妈抱怨学校、抱怨同学？

也许你会认为自己的"抱怨"是一种发泄的方式，不过，它纵然能解一时怒气,却并不能解决问题,尤其是当抱怨的内容不断地重复时,那只能说明是自己有问题,而且不肯面对问题,只是企图用抱怨来转移自己的这种逃避。

无论如何,抱怨是负面效应。越抱怨,就会发现值得抱怨的事情越来越多。越花时间抱怨,就越少时间改良。一肚子怨气的人,总是散发着一种天怒人怨的气质,会让人觉得跟你相处老是有一块黑压压的云镇住自己的大好晴天;离开你,周遭会艳阳高照。

那么,不管是从身心健康考虑,还是从人际交往方面掂量,你都必须让自己停止抱怨。

调整关注点,负面变正面

一旦你开始抱怨,就会发现生活中有那么多可抱怨的事情,情况就开始被夸大化了。随着抱怨范围的不断扩大,直至最后,你会把所有的负面情绪混合起来,变成愤怒、恐惧、焦虑等,并且这些负面情绪,会开始渗入你的潜意识里面并扎下根来。

如果你不希望你的抱怨情绪"滚雪球",就要从现在开始多注意并记住生活中好的事情。这样,不管你注意到的什么事被夸大了,都能让你在生活中发现更多的好的事情,而很多正面情绪混合起来,只会让你感到生活幸福,并对生活充满感激和希望。更重要的是,这些正面情绪也会深入你的潜意识扎根发芽。

降低你的期望值

很多时候,我们之所以抱怨,并不是我们没有得到什么,而是我们期望得到的太多。降低你的期望值,你会发现可以抱怨的东西越来越少了。从现在开始,重新恢复或重置自我内心的评价体系,不管是对自己,还是对别人,别抱太高期望。

懂得感恩的人不会抱怨

抱怨别人,往往是对别人提出了非分的要求。哲人说,世界上最大的悲剧和不幸就是一个人大言不惭地说"没人给过我任何东西"。要知道，谁也不欠你的，没有谁必须对你好，也没有谁必须从你的角度考虑问题，别把他人对你的帮助看作想当然，更别因为别人对你不好而抱怨。

相反，你应该感谢每位在你生命中出现过的人，无论他帮助过你还是打击过你，正是因为他们的存在，磨砺你、激励你、成就你。只要你胸中常怀着一颗感恩的心，有着一种"正"的力量，随之而来，你必然会获得温暖、自信、坚定、善良等美好的品性。

坚持 21 天"紫手环计划"

21 天不抱怨"紫手环"活动，来自威尔·鲍温的著作——《不抱怨的世界》。这是一个曾经风靡世界的心理运动，全世界有几十个国家 600 万余人参与，意在减少生活中抱怨的频率。

具体方法是，在一只手上戴上紫色橡胶手环（也可选用其他样式或颜色的手环、手绳、丝带等来代替），当意识到自己抱怨、讲闲话、批评他人时，把手环换到另一只手上，并重新开始计时，直到连续 21 天手环不换手为止。当你做到时，一定可以促成令人惊喜的改变——你不再抱怨，甚至抱怨的想法也在这样的过程中消失殆尽了。

内心戏，别太多

青少年情感丰富、内心敏感，能够敏锐地感知环境和身边的人的氛围、情绪和能量的转变，这是一种很好的天赋。但有些时候，这种天赋过强，高敏感性，对于自身的情绪来讲，却是一种灾难。

你是高敏感的人吗？

如果有人对你说："你的长发比以前乌亮了，柔美极了！"你会怎么想？

如果你不仅不感谢对方的赞美，反而心里认定他是在嘲讽你：你说我长发柔美，言外之意是说我面相丑陋、体态臃肿了？还是说我之前的头发不乌黑柔美，那么，基本可以断定你是一个高敏感的人。

高敏感，说白了就是内心戏太多。这类人对别人说的话、做过的事总是喜欢一帧一帧地琢磨、脑补，曲解和夸张一切外来的信息。比如，闺蜜不回微信，你就认为对方对自己冷淡了；自己作了一个不好的选择，所以就认定自己很糟糕；对方没有履行诺言，就认为对方感情变了……这类人无非在用一种狭隘而幼稚的认知方式，为自己营造着可怕的心灵监狱。这样过度敏感，会让你把一些简单的事情复杂化，会让你的脑子发条始终是紧绷的，而遭受折磨的正是你自己，这也就是我们常说的"世上本无事，庸人自扰之"。

与敏感和解

如果我们不想自寻烦恼就可以不去想的话，那就太简单了。可惜我们永远无法真正控制自己的思想。我们能做的只能是学会与敏感和谐共处。

（1）回到理性的逻辑思维上来。

事实上，高敏感的人之所以会想太多，是因为他们倾向于非理性的逻辑思维，即他们喜欢将一个人的所有行为都与其价值观对应起来。在他们看来，哪怕一个微小的行为动作，都代表着当事人的价值观。还以"没回微信"为例，高敏感的人往往会这样思考：他没回微信，是我做错了什么吗？他没回微信，是因为他出了什么事情吗？他没回微信，是因为他不想搭理我了吗？……

如果回到理性的逻辑思维，就可以这样想：他没回微信，可能是手机没有电；他没回微信，可能是正忙着工作；他没回微信，可能是手机忘记带了……可见，高敏感的人往往不是一个联系客观事实的思考者。

所以，当习惯性的胡思乱想再次出现时，你需要提醒自己：回到理性的逻辑思维上来，不要主动制造烦恼的信息来自我刺激。

（2）你没有那么多"假想敌"。

从一定角度上看，高敏感的人其实是抱着"敌意"看待整个世界的。

住在苏格兰南部的安德鲁先生，非常喜欢滑雪。有一年冬天，下了一晚20年难遇的大雪。安德鲁先生兴奋不已，可惜他的雪橇坏了，便出门找朋友丹尼尔去借。

路上太冷了，路过一间酒吧时，安德鲁决定进去喝一杯酒暖暖身子。他一边喝一边想："我希望丹尼尔能把雪橇借给我，不过也许他会怕我把他的雪橇弄坏了。"从酒吧出来，路上他又想："要是他自己不用，又舍不得借给我，那他真是一个无聊的家伙。"他这样想着，就好像已经被丹尼尔拒绝了一样郁闷起来。于是他又走进了另一个酒吧，想喝点儿酒来解闷。等他出来的时候，他暗暗对自己下了个决定："要是那个家伙真的不肯把雪橇借给我，我一辈子也不跟他讲话了。"

就这样一路走走停停，等到丹尼尔家的时候，已经夜深了。看着黑乎乎的窗子，安德鲁心里气急了，便拾起一块石子，把窗玻璃打得粉碎。

当丹尼尔穿着睡衣，从破窗口向街上怒喊"是谁把我的窗玻璃打碎了"时，安德鲁举着拳头挥舞："是我，你这个浑蛋！你留着你的雪橇吧，看老子要把它打个稀烂！"

是不是特别好笑？但先别笑，或许你遭遇的事情没有这么夸张，但是不是你也总是猜忌别人对自己的看法？

其实，哪有那么多的"假想敌"！佛罗里达大学的心理学家巴里·舒兰克说："完全没有必要去追究一个人的所作所为是否别有用心。"极为可能的情况是他们压根儿没有意识到你会受到伤害。当你向对方指出他们失礼的言行后，"冒犯者"通常会向你致歉。

当你真正学会了不在意他人,懂得了与人相处之道后,你也就从敏感狭隘的自我中挣脱出来了,你也就懂得了善待自己。到那时,即使是面对一些真正的负面信息、不愉快的事情,也能处之泰然,从容应对。